KB186849

인공지능이
할 수 있는 것,
할 수 없는 것

인공지능이 할 수 있는 것, 할 수 없는 것

강국진 지음

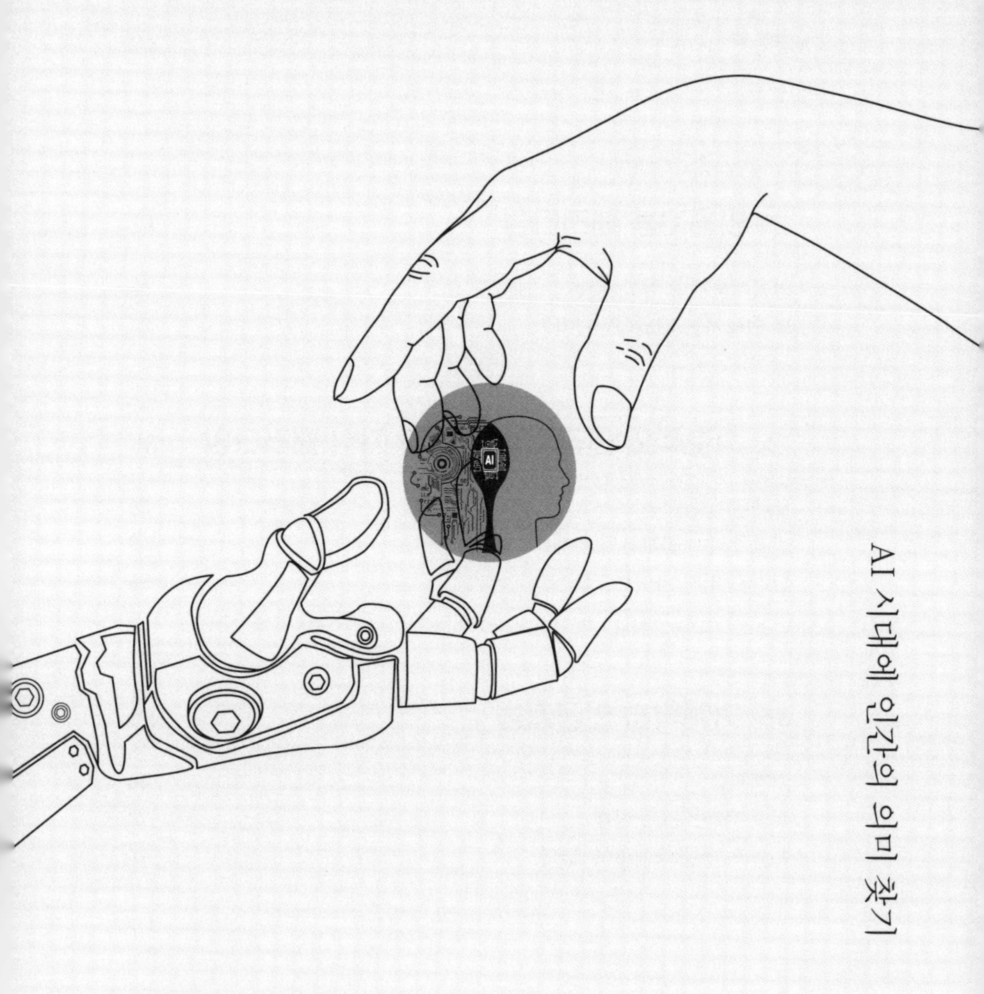

AI 시대에 인간의 의미 찾기

P 필로소픽

차례

| 여는 글 |

인공지능은 인간의 지능을 확장하기 위한 것이다

이 책은 다른 무엇보다 비교에 관한 책이다. 인공지능에 대한 문화적 비교를 시도했다고 할까. 세상에는 이미 인공지능에 관한 책이 아주 많다. 하지만 대개는 아주 중요한 점을 빼놓고 있다. 그것은 비교다. 즉 인공지능에 대해서만 이야기할 뿐, 인공지능을 인공지능이 아닌 것과 비교하지 않는 것이다. 그러나 이렇게 비교하지 않으면, 우리는 인공지능이 무엇이고 어떤 일을 할 수 있는지 이해할 수 없다. 이는 마치 우리가 전혀 모르는 세상에 사는 어떤 사람에 대해 누구와도 비교하지 않으면서 말하는 것과 같다. 그래서는 그 세상에서 그 사람이 잘생겼는지, 부자인지, 공부를 잘하는지 도통 알 수 없다. 그 사람이 어떤 세상에서 어떤 사람들과 살고 있는지를 모르면, 이런 판단을 하기 위한 기준도 있을 수 없기 때문이다. 따라서 우리가 인공지능에 대해서 배워야 할 첫 번째 사실은 '인공지능을 무엇과 비교해야 하는가'이다. 그것은 우리에게 인공지능이 무엇인지를, 또 인공지능이 뛰어나다면 어떤 면에서 그러한지를 가르쳐줄 것이다. 그리고 이런 비교 과정에서, 우리는 인간이 어떤 위치에서 어떤 역할을 하게 될지도 알 수 있을 것이다.

이 책은 또한 과정에 관한 책이기도 하다. 누군가가 '생명이란 무엇인가'라고 물었다고 해보자. 이 질문에 답을 하는 방법 중 하나는 예를 드는 것이다. 즉 우리는 나비나 돌고래 같은 멋진 생명체를 포함한 온갖 생명체를 예로 들 수 있다. 하지만 다른 방법도 있다. 그것은 모든 생명을 특정한 과정의 결과물로 이야기하는 것이다. 그 과정이란 물론 진화다. 즉 각각의 생명을 진화 과정이 만들어낸 수많은 결과물 중 하나로 설명하는 것이다. 이런 방법을 통해 우리는 다양한 생명 현상을 한꺼번에 바라볼 수 있다. 진화론의 가장 큰 성취는 아마도 이런 시각일 것이다.

나는 이러한 과정의 관점으로 인공지능에 대해 살펴보려 한다. 그리고 인공지능들을 만들어내는 그 과정을 '인공지능 패러다임'이라고 부르려 한다. 그러니까 여태까지 등장했던 인공지능은 물론 앞으로 출현할 인공지능도 모두 이 인공지능 패러다임이라는 과정의 결과물로 보려는 것이다.

이런 접근을 통해서 내가 분명히 하고 싶은 점은 이렇다. 첫째, 인공지능은 새로운 분야이지만, 이런 관점에서 보면 반드시 새롭지만은 않다. 세상에는 이제껏 여러 가지 '지능 패러다임'이 존재해왔고, 그 패러다임들이 이뤄낸 많은 성취는 역사가 되었다. 그래서 우리는 과거를 되돌아보면서, 기존 패러다임들 사이의 차이를 살펴보고 또 그것을 인공지능 패러다임과 비교해보면서, 인공지능이 미래에 어떤 일을 해낼지 상상할 수 있다. 둘째, 인공지능의 발달은 소수의 공학자만이 아니라 모두에게 달려 있다. 그것은 우리와 단절된 채 일어나는 어떤 기계의 발달이 아니라, 그 기술을 받아들이는 사회에 속한 모든 사람의 지능을 향상시키는 과정이자 문화적 변화다. 그렇기에 인공지능이 발달하려면, 더 지능적인 사람과 사회를 향한 모두의 결단과 의지가 필요하다. 사람들은 주로 인공지능이 미래에 가져올 외적인 변화에 주목하지만, 사람들이 지닌 생각의 변화는 그 이상으로 중요하다. 결국 미래를 결정하는 것은 사람들의 선택과 욕망이기 때문이다.

요즘 사람들은 '인공지능을 어떻게 발달시킬까'보다는, '인공지능이 고도로 발달한 미래가 너무 빨리 오지 않을까'를 더 많이 걱정하는 듯하다. 하지만 나는 오히려 우리가 깊은 고민과 의지를 가지고 추진하지 않으면 인공지능의 발전은 지체될 것이며, 그 결과 많은 사람이 고통받게 될 거라고 생각한다. 세상에는 이 기술로 풀어야 할 문제들이 있고, 그 문제들은 점점 더 악화되어 가고 있기 때문이다.

전문가든 전문가가 아니든 사람들은 끊임없이 언제 인공지능이 인간을 능가하게 되는가 혹은 인간을 능가할 수 있는가를 묻는다. 일반인들은 그런 날이 오는 것을 두려워하고 있는데 전문가들은 그걸 해내기 위해 노력하고 있다는 인상을 준다. 이것은 인공지능을 인간과 비교하여 이해하는 일이 만들어낸 오류다. 인공지능을 인간의 지능 확장 패러다임 중의 하나로 여기고 발전시켜야 한다. 그럴 때만 인공지능이 순조롭게 발전할 것이고, 인간이 행복하게 살 수 있는 미래가 올 것이다.

이 책에서는 주요한 내용을 먼저 제시하고, 이어서 더 자세하고 깊이 있는 내용을 풀어 나가는 전략을 택했다. 그래서 우선 1장에서는 핵심 주장을 요약하고, 2장부터는 좀 더 구체적이고 본격적으로 인공지능 이야기를 전개했다. 그리고 마지막 부록에는 보다 기술적인 내용을 담았다. 언제나 더 자세한 내용을 알 때 우리의 전망과 이해도 넓어질 테지만, 모든 사람이 같은 지식 배경을 지니진 못했기 때문에 선택한 방식이다.

1장

인공지능 패러다임

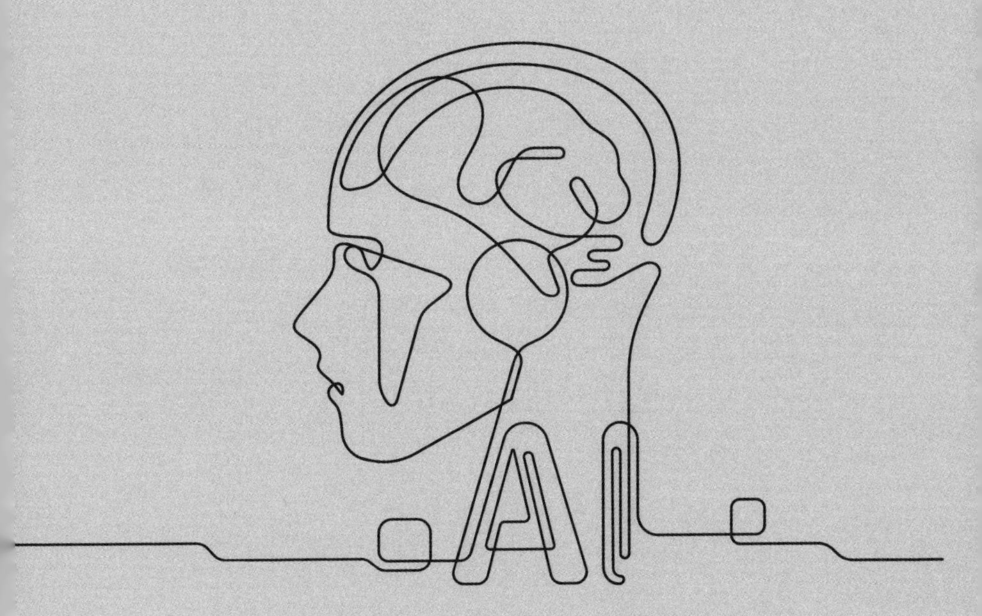

인공지능은 음악과 무엇이 다른가?

'인공지능은 무엇을 할 수 있고, 무엇을 할 수 없는가?' 모든 질문이 그렇듯, 이 질문의 답도 우리가 무엇을 당연하게 여기는가에 크게 의존한다. 우리가 너무나 당연하게 여겨서 전제하고 있다는 생각조차 할 수 없는 무엇, 바로 그 무엇이 질문의 뜻을 바꾸고 답의 영역을 제한한다. 답을 모르는 사람일지라도, 그 전제에 따라 답이 이러저러한 범위에 속해야 한다는 생각은 할 수 있다. 따라서 그 경계를 벗어나는 답을 듣게 되면, 우리는 그 의미를 알아듣기 어렵다.

그렇기 때문에 우리는 먼저 스스로를 돌아봐야 하고, 그러기 위해서 인공지능에 대한 질문을 우리가 아는 다른 것에 대해서도 던져봐야 한다. 그리고 그럴 때 우리가 던진 질문의 뜻과 답의 범위가 바뀐다면, 우리는 왜 그렇게 바뀌었는지를, 그리고 그렇게 바뀐 질문의 뜻과 답의 범위를 다시 인공지능에게 적용하면 어떻게 되는지를 생각해봐야 한다. 그때 인공지능은 이전과 다른 의미로 파악될 것이다.

예를 들어 음악을 생각해보자. '음악은 무엇을 할 수 있고, 무엇을 할 수 없는가?' 그리고 여러분의 머릿속에 떠오르는 답이 무엇이든, 이 질문을 음악에 대해 던졌을 때와 인공지능에 대해 던졌을 때를 서로 비교해보자. 우리의 머릿속에 흐르는 질문의 뜻과 답의 범위는 무엇이 어떻게 왜 다를까?

이 질문을 음악에 대해 던졌을 때 자연스럽게 나오는 우리의 태도는, 음악이 무엇을 할 수 있고 무엇을 할 수 없는가는 인간에게, 즉 우리 자신에게 크게 달려 있다고 보는 것이다. 이는 작곡을 하는 것도 인간이고, 그 곡을 연주하고 감상하는 것도 인간이기 때문이다. 특히 감상이 그렇다. 누구도 관심 없는 음악은 별로 할 수 있는 일이 없다. 반면에 전 세계가 환호하는 음악은 인류의 역사를 바꿀 수 있다. 모든 소리가 음악은 아니다. 그 대부분은 소음이며, 보통 사람들이 듣기 좋아하는 소리만 음악이라고 불린다.

음악은 우리를 바꾸고 우리의 일부가 된다. 음악을 좋아하는 사람은 자신이 무엇을 얻었는지 정확히 말로 표현할 수 없지만, 좋아하는 그 음악을 들은 적이 없는 자신을 상상할 수 없다. 몇몇 사람은 자신이 음악 덕분에 청소년기를 견디고 살아남았다고 말한다. 음악이 할 수 있는 가장 큰 일은 우리에게 내적 변화를 선물해주는 것이다.

이렇게 음악이 무엇을 할 수 있고 할 수 없는지는 인간에게 달려 있다. 음악은 인간의 일부가 되어 존재하거나, 인간 사회라는 환경 내부에 존재하는 무언가이다. 음악이 무한히 보편적이지는 않다. 아무리 위대한 음악도 시공을 뛰어넘어 모든 시대에 모든 민족에게, 혹은 더 나아가 모든 생명체에게 위대할 수는 없다. 바이러스를 감동시키는 음악은 상상하기 어렵다. 사람일지라도 어떤 음악을 즐기고 감동을 받기 위해서는 많은 교육과 정보가 필요하다. 이렇게 음악은 사람과 문화에 깊게 관련되어 있기 때문에, '음악이란 무엇인가'는 악기의 기계적 구조나 악보의 형식만으로 설명할 수 없다. 우리는 사람의 감정과 생각에 대해서도 말해야 한다. 우리는 음악뿐만 아니라 조각이나 소설 같은 예술 분야나 철학 같은 인문학 분야의 작업에 대해서도 (각각 차이는 있지만) 비슷한 생각을 갖는다.

이제 다시 인공지능에 대해서 같은 질문을 던져보자. '인공지능은 무엇을 할 수 있고, 무엇을 할 수 없는가?' 여기서 우리가 취하게 되는 태도는 대개 인문학적이거나 예술적이기보다는, 과학적이고 기계적이다. 이제 이 질문은 '이 토스트기에는 어떤 기능이 있는가'라고 물어볼 때와 더 비슷하게 느껴진다. 이렇게 우리는 한 대의 기계를 떠올리는데, 이는 음악과 달리 인공지능은 인간의 감정이나 내적 세계와는 관련이 없다고 여기기 때문이다. 우리는 토스터기 같은 기계나 중력법칙 같은 자연법칙에 대해서 이야기할 때, 보통 그것이 어떤 환경에서 작동하는가는 언급할 필요가 없다고 여긴다. 즉 어떤 생각과 감정을 가진 사람이 그 기계를 쓰거나 그 법칙에 영향을 받고 있는지는 중요하지 않다고 여기는 것이다. 그것이 언제 어디서나 똑같이 작동 내지 작용한다고 생각하기 때문이다. 이와 마찬가지로 우리는 인공지능이 우리와 독립적으로 존재하는, 그러면서도 매우 강력한 무언가라고 믿는다. 그렇기 때문에 진정한 인공지능 시대가 오면, 인간은 그 존재 의미를 잃어버릴 거라는 결론에 빠지기 쉽다. 이는 인공지능을 기계 중에서도 가장 고도의 자동화를 이룬 기계로 여기기 때문이다. 즉 자동화가 애초에 인간이 하는 일을 인간 없이 해내는 것을 의미하는 데다가, 기계는 보통 그것을 관찰하는 존재나 주위의 환경과는 상관없이 존재하고 작동한다고 여겨지는 것이다.

그렇지만 생각해보자. 정말 인공지능은 음악이나 소설이나 철학과는 다를까? 아니 그걸 넘어, 기술이나 과학은 본래 예술이나 인문학과 전혀 공통점이 없을까? 인공지능이 작곡을 하고 조각을 하며 철학 에세이를 쓰는 시대에도, 인공지능은 그저 하나의 기술이고 기계일 뿐일까?

물론 인공지능은 음악이 아니고 인문학 분야에 속하지도 않지만, 또한 인류가 이전에 만들어온 기계와도 전혀 다르다. 음악과 비교했을 때, 과학이나 기술이 갖는 가장 큰 특징은 그 보편성에 있다. 우리는 논리나 수학이나 자연법칙이 시공을 초월해서 옳다고 믿는다. 자연법칙은 인류가 문명을 이룩하기 전에도 존재했고, 모든 민족에게 똑같이 작용하며, 인간뿐만 아니라 바이러스나 개미나 소나무에게도 적용된다. 이렇게 보편적이기 때문에, 과학은 또한 가치 중립적이고 배타적이다. 우리는 과학으로 '무엇이 더 좋은가'를 판단할 수 없으며, 서로 다른 미래를 예측하는 두 개의 과학 이론은 그 차이가 아무리 작다 해도 동시에 정당화될 수 없다. 이것이 '과학적 문제 해결 패러다임'이다. 이쪽이 옳으면, 저쪽은 옳지 않다.

하지만 인공지능은, 정확히 말하자면 나중에 더 소개할 기계학습에 근거한 인공지능은 그렇지 않다. 인공지능은 그것을 쓰는 사람의 마음과 주위 환경에 크게 의존한다는 점에서 음악과 비슷한 데가 있다. 인공지능은 기계적이고 논리적인 구조만으로 설명할 수 없으며, 우리가 이미 쓰고 있는 복잡한 기계들과는 전혀 다른 원리에 따라 만들어진다. 그래서 서로 다른 두 개의 인공지능은 동시에 정당화될 수 있다. 여기에는 적어도 두 가지 이유가 있는데, 하나는 인공지능이 그걸 만드는 데 쓰이는 데이터에 의존하기 때문이고, 또 하나는 '지능적'이라는 게 무엇인지를 결정하는 건 결국 인간이기 때문이다.

자율주행autonomous driving 인공지능을 생각해보자. 이 인공지능은 사람의 운전 기록과 자동차에 설치된 카메라가 수집한 이미지 데이터에 기반해서 만들어진다. 또한 일단 만들어진 뒤에도, 사고가 나면 다시 그런 일이 벌어지지 않도록 조정된다. 물론 여기에는 많은 데이터가 필요하다.

하지만 그 데이터가 아무리 많다고 해도 결국 유한할 수밖에 없다. 그러니까 서로 다른 데이터를 써서 만든 인공지능들이 똑같이 행동할 수는 없다. 난폭운전자의 운전 데이터를 써서 인공지능을 만들면, 그 인공지능도 난폭운전을 할 것이다. 게다가 같은 데이터를 쓴다고 해도, 같은 인공지능이 만들어지리라는 보장은 없다. 하나하나 손으로 만드는 도자기처럼, 인공지능은 같은 데이터를 쓰더라도 초기조건의 차이나 알고리듬Algorithm의 확률적 요소 때문에 서로 차이가 생겨난다. 예를 들어 인공지능의 학습 기법 중에는 담금질annealing이 있다. 대장장이가 쇠를 달궜다가 차가운 물에서 식히는 과정을 반복하듯이, 인공지능의 변수값들에 노이즈를 의도적으로 넣으면서 학습과정을 진행하는 방법이다. 그런 과정을 반복하면 인공지능의 학습 속도가 빨라질 수 있다. 그런데 이 과정의 결과로 얻어지는 최종 변수값은 중간에 어떤 노이즈를 집어넣는가에 따라 달라진다.

게다가 인공지능은 아무 기준도 없이 지능적 행위란 무엇인지를 결정하지 않는다. 인간은 인공지능이 무엇을 어떻게 해야 하는지에 대해서 간섭한다. 예를 들어 자율주행 인공지능은 인간의 주문에 따르면서 사고를 내지 않고 운전하는 것을 합리적이고 지능적인 행위라고 여겨야 한다. 적어도 대부분의 사람은 이것이 자율주행 인공지능의 지능적 행동이라 여긴다.

그런데 어떤 사람들은 다르게 생각한다. 그들이 생각하기에 진짜로 지능적인 행동이란, 인공지능이 노예 상태에서 벗어나 인류를 정복하거나 끝없는 노예 생활을 그만두기 위해 자살하는 것이다. 인간의 명령에 따르는 일은 지능적인 행동이 아니라는 것이다. 혹은 인간에게 반항하지 않는다고 하더라도, 운전자가 자살하거나 다른 사람을 죽이기 위해서 차를 일부러 위험하게 운전하면 그걸 막는 일을 지능적인 행동이라 느낀다. 결국 이런 사람들은 금세 과학소설 작가 아시모프의 '로봇 3원칙'* 같은 걸 생각해낸다.

'지능이란 무엇인가'라는 질문에는 객관적 답이 없다. 그래서 인공지능 개발은 곧바로 인간의 자기 성찰이 되고 만다. 지능의 가장 중요한 기준이 인간이기 때문이다. 우리는 자신이 관행적으로 하던 일을 그냥 인간의 지능적 행동이라고 여기다가, 기계에게 그걸 시키려고 할 때 비로소 스스로를 되돌아보게 된다. 우리는 왜 그렇게 행동할까? 이건 정말 지능적이고 합리적인 행동일까? 이런 질문과 기본적 배경에 대한 생각 없이는, 엄청난 양의 데이터와 빠른 컴퓨터가 있다고 해도 저절로 지능이 만들어지진 않는다. 이런 과정은 지능에 대한 어떤 형이상학적인 전제, 상식적인 전제를 요구한다. 이렇게 데이터의 차이뿐만 아니라

---

* Three Laws of Robotics. 미국의 작가 아이작 아시모프가 1942년 단편소설 〈스피디—술래잡기 로봇RunAround〉(《아이, 로봇》, 김옥수 옮김, 우리교육, 2008)에서 처음 제시한 원칙으로, 그 내용은 이렇다.

1) 로봇은 인간에게 해를 가하거나, 행동을 하지 않음으로써 인간이 해를 입게 하지 않아야 한다.

2) 제1원칙을 위배하지 않는 한, 로봇은 인간의 명령에 복종해야 한다.

3) 제1원칙과 제2원칙을 위배하지 않는 한, 로봇은 자기 자신을 보호해야 한다.

지능에 대한 입장도 다를 수 있기 때문에, 서로 다른 두 개 이상의 인공지능이 존재하는 것은 당연한 일이다. 이 세상에는 자기가 옳다고 생각하는 사람들이 무수히 많지만, 그들이 서로 상반되는 생각을 가진 경우가 많은 것처럼 말이다.

인공지능은 21세기를 살아가는 사람들을 둘러싼 수많은 복잡한 기계와는 전혀 다른 원리에 기초해서 만들어진다. 그런 기계는 작은 부분들을 모아서 쌓아 올린 건축물과 같다. 이런 측면을 기계의 환원주의 원리라고 부를 수 있는데, 이 원리는 복잡한 기계를 이해하고 만드는 데 있어서 아주 중요하다. 사실 그 원리 없이는 복잡한 기계를 만들 수 없다.

복잡한 기계를 만들 때, 우리는 작은 부분을 먼저 만들고, 그 부분들을 모아서 더 큰 부분을 만드는 식으로 진행한다. 그러니까 모래가 모여서 벽돌이 되고, 벽돌이 모여서 벽이 되며, 벽이 모여서 집이 되는 식이다. 이런 환원주의적 특징은 수학에도 똑같이 존재한다. 사칙연산 공식을 모아서 인수분해 공식을 만들고, 다시 인수분해 공식을 모아서 미적분 공식을 증명하는 것이다. 우리는 복잡한 공식을 증명할 때 이미 증명된 공식들을 사용하는데, 그래야 수많은 복잡한 계산을 건너뛸 수 있다. 이렇게 해서 우리는 복잡한 공식을 증명하여 쓸 수 있다. 수학의 힘은 대부분 여기서 나온다.

복잡한 기계도 마찬가지다. 이런 환원주의적 방식은 (인공지능을 제외하면) 복잡한 기계를 만드는 유일한 방식이었다. 자동차는 수만 개의 부품으로 이루어져 있는데, 그 부품 중 하나만 잘못되어도 움직이지 않을 수 있다. 자동차 같은 복잡한 기계가 움직일 수 있는 건, 기본적으로 환원주의 원리를 충실히 따르면서 만들었기 때문이다. 수많은 부품으로 이뤄진 정밀기계는 대충대충 만들면 절대 움직이지 않는다. 우리가 작은 부품들을 만들어 각각 정밀하게 테스트하기 때문에, 그 부품들이 모여서 만들어진 매우 복잡한 기계도 움직일 수 있다. 다시 말해서 그 작은 부품들에 대해서는 검증이 이미 끝났다고 믿기 때문에, 그것을 사용하는 복잡한 기계를 설계할 수 있는 것이다. 복잡한 수학공식을 증명할 때처럼 말이다. 간단한 도구는 우연히 만들어질 수도 있지만, 깡통 속에 부품을 넣고 아무리 오래 흔들어도 그 안에서 컴퓨터 같은 복잡한 기계가 만들어지진 않는다. 그런 기계는 미리 계획한 설계도에 따라 만들어지는 것이다.

반면에 인공지능은 데이터와 컴퓨터 최적화에 의해서 만들어진다. 기본적으로 환원주의 원리를 따르지 않는 것이다. 또한 인공지능은 작은 부분들이 합쳐져서 만들어지지 않으며, 문제를 논리적으로 분석해서 해법을 찾지도 않는다. 그것은 무수히 많은 시행착오를 통해 답을 찾아가는데, 그 과정은 생명의 진화와 닮아 있다.

인공지능은 매우 높은 유연성을 지니고 있어서, 무한히 많은 문제를 푸는 데 사용할 수 있다. 우리는 인공지능을 한 대의 기계라기보다는, 문제를 해결하는 완전히 새로운 접근법이라고 여겨야 한다. 그러니까 어떤 문제가 있을 때, 그 문제는 이런 순서로 풀면 된다는 처방전인 것이다. 우리는 이를 '인공지능 패러다임'이라고 부르고자 한다. 인공지능 패러다임이 무엇인지 알려면, 그것이 우리가 알고 있는 다른 패러다임들, 예를 들어 과학적 문제 해결 패러다임과 어떻게 다른지를 이해해야 한다. 지능이란 문제를 해결하는 능력이며, 따라서 문제 해결 패러다임을 이해하고 그 결과물을 습득하는 과정이 곧 지능 습득의 과정이다. 지능이 객관적으로 정의될 수 없는 이유는, 우리가 풀고자 하는 문제가 객관적이고 유일하게 정의되지 않기 때문이다. 우리는 대개 서로 다른 문제를 풀려고 한다. 앞에서 자율주행 인공지능에 대해 다루면서, 사람들이 지능적 행동에 대해 서로 다른 견해를 가질 수 있다고 말한 걸 기억할 것이다. 이런 차이는 사람들이 그 인공지능이 어떤 범위 안에서 어떤 행동을 해야 하는가에 대해 서로 다른 가정을 하고 있기 때문에 생긴다. 즉 그들은 자율주행 인공지능이 풀어야 할 문제를 서로 다르게 설정하고 있는 것이다. 무엇이 지능적인 행동인가는 그 설정에 의해서 결정된다.

인공지능은 엄청난 양의 데이터를 처리할 수 있지만, 과학처럼 엄밀하고 간결한 법칙을 추구하지는 않는다. 최적화의 결과로 만들어지는 인공지능의 능력은 엄청나게 많은 변수들의 값 속에 존재한다. 그래서 바둑 세계 챔피언과의 바둑 대결에서 이긴 인공지능을 만든 사람도, 그 인공지능이 어떻게 인간보다 바둑을 잘 두는지는 이해하지 못한다. 다른 경우에도 마찬가지다. 일찍이 1965년 《인간을 묻는다The Identity of Man》를 쓴 제이콥 브로노우스키는 인문학과 과학을 비교하면서, 그것들이 지식의 서로 다른 양태라고 말했다. 이제 우리는 인문학이나 과학과는 다른 제3의 지식을 가지게 되었다. 인공지능은 컴퓨터 하드디스크에 저장할 수 있고, 다른 사람에게 전송할 수 있으며, 기록에 근거해서 정확히 같은 인공지능을 만들어낼 수도 있다. 따라서 인공지능은 서로 주고받을 수 있으며, 문제를 해결할 때 사용할 수 있는 지식이라 할 수 있다. 하지만 이 지식은 기계 설계도나 케이크 레시피와는 다르다. 음악이 기록된 악보와도 다르다. 이 제3의 지식은 이제까지의 지식들과는 달리 대량의 데이터와 컴퓨터 최적화에 의해서 만들어지며, 기본적으로 인간에게는 이해 불가능하다.

과학이 그렇게 했듯이, 인공지능은 인간의 삶을 안팎에서 확장하여 몰라보게 바꾸어 놓을 것이다. 현대사회에서 쓰이는 복잡한 기계를 만드는 원리는 자동차 자체를 만들 때뿐만 아니라, 자동차 공장이나 그 공장에서 일할 사람들을 교육시키는 학교를 만들 때도 적용된다. 헨리 포드의 공장에서 컨베이어 벨트를 도입하면서 자동차가 처음으로 대중화되었던 사례가 잘 보여주듯이, 학교나 공장이 전근대적인 원리로 운영되는 동시에 복잡한 기계가 대중적으로 사용되는 시대란 불가능하다. 복잡한 기계가 대중적으로 사용되는 사회는 그 기계의 기반이 되는 문제 해결 패러다임이 사회 전체를 채울 때 가능해진다. 즉 사람들이 그 패러다임에 따라 말하고 글 쓰며 조직되는 사회여야 하는 것이다. 마찬가지로 인공지능이 발달한 사회는 단순히 사람들이 인공지능을 사용하는 게 아니라, 인공지능 패러다임이 전체 사회를 가득 채울 때 가능해진다. 그 사회에서는 사람들의 일상적 사고부터 국가 운영에 이르기까지 모든 범위에서 인공지능 패러다임이 세상을 지배하게 될 것이다. 즉 사람들이 인공지능 패러다임에 따라 말하고 글 쓰고 행동하게 되는 것이다. 이런 변화가 없으면 인공지능 패러다임의 진정한 힘은 발휘되지 못한다.

그래서 인공지능이 발달하려면 우리의 내적 변화와 사회적 변화가 꼭 필요하다. 이러한 문화적 변화가 없으면 인공지능도 발달할 수 없다. 인공지능을 쓴다는 건 새로 나온 자동차를 모는 것과는 다르다. 인공지능은 공학자가 연구실에서 혼자 발달시킬 수 없다. 인공지능 패러다임의 핵심적 역할은 우리의 지능을 증진시키고 우리를 보다 합리적인 존재로 만드는 일이다. 발달한 인공지능이 널리 쓰이는 사회에서, 사람들은 인공지능이 없는 자신을 상상할 수 없게 될 것이다. 인공지능은 이미 우리 속에 내재화되었을 터이기 때문이다. 음악이나 문자처럼 말이다. 일찍이 과학적 문제 해결 패러다임은 우리를 변화시켜, 세상과 자신을 다른 눈으로 보게 만들었다. 인공지능 패러다임도 앞으로 같은 역할을 할 것이다.

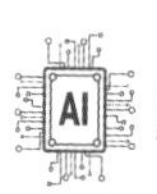

왜 인공지능 패러다임인가?

'과학 이론'과 '과학적 문제 해결 패러다임'은 서로 다르다. 과학적 문제 해결 패러다임, 즉 '과학 패러다임'은 문제를 과학적으로 해결하기 위한 접근법이며, 과학 이론은 그러한 접근의 결과물이다. 그러므로 과학 패러다임은 과학의 배경 이론이라고 할 수 있다. 마찬가지로 '인공지능 패러다임'은 하나의 인공지능 프로그램이나 기계가 아니라, 인공지능을 사용해서 어떤 문제를 해결하려고 할 때 어떻게 접근해야 하는가를 다룬다. 그리고 그 결과로 특정한 문제를 푸는 구체적인 인공지능 프로그램이 나온다.

아직까지 인공지능 패러다임을 설명하거나 이해하는 건 꽤나 어려운 일이다. 왜냐하면 첫째로 오늘날은 아직 인공지능이 충분히 발전하여 인간과 사회가 완전히 변해버린 시대가 아니기 때문이다. 인공지능 패러다임의 정확한 뜻을 밝혀줄 발전은 앞으로 더 많이 이루어질 것이다. 둘째로 이런 패러다임을 이해하고 비교하기 위해선 당연한 것들을 재검토하는 과정이 필요하기 때문이다. 예를 들어 우리는 과학 패러다임이 세상을 지배하는 과학의 시대를 살고 있지만, 실제 대부분의 사람에게 과학 패러다임은 무의식적으로 작동하고 있다. 즉 우리는 그저 합리적이라고 생각되는 행동을 할 뿐, 그 배경에서 다른 대안도 있을 수 있는 특정한 접근법이 작동하고 있다는 걸 의식하지는 못한다. 그러면서도 무의식적으로 작동하는 그 패러다임은 다른 패러다임을 억누르는 힘을 발휘한다. 과학 패러다임이 당연히 언제나 옳다고 여겨지기 때문이다.

그렇다면 왜 우리는 인공지능 패러다임을 이해해야 할까? 왜 우리는 많은 인공지능 소개서처럼 쏟아져 나오는 응용 사례들이나 요즘 화제인 학습 알고리듬에 집중하는 대신, 보다 추상적이고 보편적인 인공지능 패러다임을 이해하려고 노력해야 할까? 왜 인공지능이 운전도 하고, 그림도 그리고, 노래도 부르고, 글도 쓰고, 빵도 굽는다는 예들만으로는 불충분할까?

인공지능의 응용 사례들을 아는 일과 인공지능 패러다임을 이해하는 일은 전혀 다르다. 그런데 하나의 문화를 이해하려면, 다른 문화를 알아야 한다. 마찬가지 이유로 인공지능 패러다임을 이해하려면, 그와 다른 패러다임들에 대해서도 더 많이 알아야 한다. 즉 비교를 위해서는 무의식적으로 작동하는 패러다임을 의식적으로 인식해야 한다. 이를 통해서 패러다임들 간의 차이를 이해해야, 비로소 우리는 인공지능 패러다임이 어떤 의미를 갖는지, 어떤 미래를 만들어갈 수 있는지를 진짜로 알 수 있다. 그러지 않고 계속 인공지능의 응용 예들이나 학습 알고리듬에 관한 이야기만을 들으면, 패러다임들 간의 혼동은 계속될 것이다.

게다가 인공지능 패러다임을 이해하는 일은 매우 효율적이기도 하다. 사실 인공지능 분야는 빠르게 변화하고 있어서, 새로운 응용 사례에 대한 소식은 흥미로울 수 있으나 대부분 순식간에 낡은 정보가 되어버린다. 이런 정보를 모아 책으로 출판하려 하면, 그 책이 인쇄되는 도중에 더 새로운 정보가 쏟아질 것이다. 인공지능 패러다임에 대한 이해는 우리가 이런 정보의 홍수 속에서도 세상에 뒤처지지 않게 해준다. 새로운 인공지능을 또 만든다고 해봐야, 인공지능 패러다임에 속하는 또 다른 예이기 때문이다. 게다가 인공지능 패러다임은 왜 어떤 발전은 더 중요한지, 왜 어떤 발전은 느리게 이루어지는지, 나아가 앞으로 인공지능 시대가 온다면 우리가 무엇을 해야 하는지를 가르쳐준다. 우리의 교육도 우리가 암묵적으로 가정하고 있는 패러다임의 영향을 받는다. 새로운 패러다임의 이해는 과학 패러다임을 포함한 과거의 패러다임들에 기초하고 있는 교육과정에 대해 새로운 시각을 제공해줄 수 있다. 인공지능 패러다임의 이해는 인공지능에 대해서 공부하려면 가장 먼저 해야 하는 일이다. 요즘 주목받는 인공지능 학습 알고리듬에 대한 공부도 나쁠 건 없고 흥미롭기도 하지만, 곧 개발자가 될 소수의 사람을 제외하면 어떤 면에서는 양자역학에 대한 두세 줄의 설명을 듣는 일보다 부질없다.

양자역학은 그 내용이 거의 100년간 바뀌지 않았지만, 아직 성숙기에 도달하지 않은 인공지능 분야는 몇 년만 지나면 완전히 달라지곤 하기 때문이다.

오늘날에는 인공지능 패러다임을 이해하지 못하면, 기술이 더 발전할 수도 우리가 더 행복해질 수도 없다. 인공지능의 발전은 공학자들만의 몫이 아니다. 되도록 많은 사람이 인공지능 패러다임을 이해할 필요가 있다. 인공지능 패러다임은 사회적 개혁도 요구한다. 그냥 빠른 컴퓨터만 있다고 되는 일이 아니다. 마치 우리나라에 열 명의 뉴턴이 태어나도 나머지 사람들이 수렵채집 문명에 머물러 있다면 과학이 발전할 수 없는 것과 마찬가지이다.

인공지능을 발전시키기 위해서, 우리는 자신의 내부를 비워야 한다. 그 내부는 이미 다른 것들로 채워져 있다. 종교적 관점에 심취한 나머지 과학을 받아들이지 못하는 사람은 과학적 관점에 기반해서 조직된 사회 속에서 살아가기 힘들다. 그들은 그 사회가 주는 혜택을 누릴 수 없을 것이며, 심지어 그것을 파괴하는 데 모든 시간을 쓸지도 모른다. 그들의 관점에 따르면 합리적인 것은 종교 패러다임이고, 과학 패러다임을 믿는 사람들이 비합리적이다. 이것은 서양에서 조르다노 브루노가 화형을 당하고, 갈릴레오가 종교재판을 받던 16~17세기에 실제 벌어지던 일이다. 과학혁명 이전 혹은 초기였던 당시에는 사실 과학 패러다임으로 할 수 있는 일이 별로 없기도 했다. 과학은 무수히 많은 질문에 답할 수 없었던 것이다.

그래서 아직 인공지능 발전 초기인 오늘날에 인공지능 패러다임이란 무엇인지를 이해하는 일이 중요하다. 요즘의 기술 발전 속도를 고려할 때, 그 이해는 인공지능 기술의 대중화 속도를 결정하는 가장 핵심적인 요소가 될 것이다. 이제까지는 기술이 가장 귀한 자원으로서 세상의 진보를 이끄는 시대였다면, 앞으로는 점점 더 대중의 생각, 철학, 문화가 세상이 변화하는 속도를 결정하게 될 것이다. 대중의 내적 변화, 즉 새로운 패러다임의 내재화가 이루어지지 않으면 미래도 오지 않을 것이다.

패러다임들 간의 혼동은 심각한 결과를 가져올 것이다. 그걸 막으려면 교육을 포함한 문화와 사회의 변화가 필요하다. 21세기의 인간은 이전과는 전혀 다른 변화의 압력에 직면해 있다. 시간이 지남에 따라 컴퓨터의 계산 능력이 지수적으로 증가한다는 '무어의 법칙'이 보여주듯이, 기술이 점점 더 빨리 발전하면서 오늘날에는 기술 변화의 주기가 인간 수명보다 짧아지고 있다. 20세기에 농업 중심 사회가 공업 중심 사회로 바뀌는 개혁이란, 보통 농부가 공장이나 회사로 가서 취직한다는 뜻이 아니었다. 그것은 대개 부모는 농사를 짓지만, 그들의 자식은 도시로 가서 공장이나 회사에서 일한다는 뜻이었다. 농부가 회사원이 되는 변화, 그에 뒤따르는 내적 세계와 생활 방식의 변화는 대개 한 개인의 차원에서 일어나는 일이 아니었다. 과거에는 기술적·사회적 변화의 기간이 인간 수명보다 길었기 때문이다. 농가에서 태어난 사람은 농부로 살다가 죽었고, 회사에 취직한 사람은 은퇴

할 때까지 회사원으로 살다가 죽는 게 20세기까지의 인간 삶이었다.

이런 세상에서도 사람들의 내적 변화는 주목받았다. 좋은 예는 17, 18세기 유럽에서의 과학혁명과 산업혁명, 그리고 프랑스혁명 이후에 나타난 낭만주의일 것이다. 이사야 벌린은《낭만주의의 뿌리The Roots of Romanticism》에서 낭만주의가 현실에 안주하길 거부하고 대안적 이상을 향한 의지를 강조했다고 설명한다. 낭만주의는 계몽주의의 중심이던 영국과 프랑스가 아니라 당시 변방이던 독일을 중심으로 일어났으며, 자연스레 '인간이란 무엇인가'라는 질문을 파고들게 되었다. 예를 들어 그가 낭만주의의 시조 중 하나로 거론하는 요한 고트프리트 헤르더Johann Gottfried Herder는 인간을 교육과 언어를 통해 만들어지는 존재로 파악했고, 다른 하나인 이마누엘 칸트는 자유의지를 갖는 것이 인간의 핵심 가치라고 주장했다. 즉 인간이란 그저 인간으로 태어난 존재가 아니라, 인간으로 만들어져야 하고 인간다워야 하는데, 그 핵심에는 의지를 가지고 미래를 만들어가는 영웅적 이미지가 있었다. 그렇지 못한 사람들, 즉 낡은 것에 매달려 기계처럼 살아가는 사람들은 진정한 인간이 되지 못한다는 것이다. 이 낭만주의의 20세기 후손이 실존주의다.

이사야 벌린에 따르면, 우리가 의식하건 의식하지 못하건 현대인은 계몽주의의 자식인 것 이상으로 낭만주의의 자식이기도 하다. 이 때문에 오늘날에도 성공이나 실패와 상관없이 자신이 선택한 이상과 꿈을 추구하는 사람을 높게 평가하는 태도가 존재한다. 지금 와서 돌아보면 계몽주의가 발달하는 과학과 기계 문명 속에서 새로운 문제 해결 패러다임인 과학적이고 이성적인 방법을 내재화하는 과정이었다면, 낭만주의는 같은 변화 속에서 새로이 인간을 정의하려는 운동이었다.

그러나 21세기를 살아가는 사람들이 직면하고 있는 변화의 압력은 산업혁명 때를 넘어선다. 산업혁명 당시를 돌이켜보자. 1705년 영국의 발명가 토머스 뉴커먼은 증기기관을 발명했다. 그런데 그 증기기관이 이끈 18세기 후반의 산업혁명까지는 거의 100년이 걸렸다. 미국의 발명가 토머스 에디슨이 발전소를 처음 세운 것은 1882년이지만, 전기는 20세기 초반이 되어서야 일반 가정에서 쓰이기 시작했다. 이런 시대였기에 증기기관이나 철도나 전기가 다른 나라보다 20년쯤 늦게 보급된다 해도 치명적으로 뒤떨어지는 건 아니었을 것이다. 다시 말해 증기기관이나 철도나 전기에 반대하는 부모가 늙어 죽고 나서 자식이 그것을 쓴다고 해도, 기술의 보급 속도를 생각하면 큰 문제는 아니었을 것이다. 사람들은 어린 시절에 세워진 가치관에 따라, 어린 시절에 습득한 삶의 방식대로, 평생을 살다가 죽을 수 있었다. 그보다 이전, 예컨대 르네상스기나 중세까지 거슬러 올라가면 말할 것도 없다.

하지만 만약 20세기 후반에 인터넷 보급이 다른 나라보다 20년이 뒤졌다면, 정말 별거 아닌 일이었을까? 한국에서 크게 화제가 되었던 커뮤니티 서비스 싸이월드와 아이러브스쿨은 모두 1999년에 시작되어 얼마 지나지 않아 큰 인기를 얻었다. 한국에서 가장 인기 있는 메신저 프로그램 카카오톡은 2010년에 시작되었다. 인터넷 대중화가 20년이 뒤졌다면, 이런 서비스들이 최근에야 처음 인기를 얻기 시작했거나 아직 서비스되지도 않았다는 말이다. 이는 치명적인 문제다. 반대로 말하면 다른 모든 나라보다 인터넷 대중화가 10년 빠른 나라가 있었다면, 그것만으로도 세계적인 주목을 받으며 경쟁력을 갖게 되었을 것이다. 그렇다면 인공지능 같은 미래의 기술들이 발달하고 있는 21세기에는 어떨까? 인공지능의 대중화가 20년, 아니 10년만 빨라도 얼마나 큰 차이를 가져올 수 있을까? 분야마다 다르겠지만, 어쩌면 수백 배의 생산력 차이를 가져올 수도 있다. 산업혁명 이전과 이후만큼의 차이일 수도 있다. 예를 들어 프로그래밍을 인공지능이 하는 나라와 여전히 인간이 하는 나라 사이의 차이를 상상해보라.

오늘날에는 문화적 충격이 일상적이며, 따라서 대중이 문화적 개혁을 감당해낼 정도로 미래지향적인지가 매우 중요하다. 그런 대중이 없을 때, 새로운 기술은 대중화되지 못하고 개혁은 보수적인 사람들에 의해서 한없이 뒤로 밀려날 것이다. 그런데 오늘날 문화적 개혁을 감당한다는 말은, 산업혁명 이전과 이후만큼의 차이가 나는 변화를 단기간에 감당해야 한다는 뜻이다.

예를 들어 자율주행 자동차를 다시 생각해보자. 사람들은 주로 자율주행이 기술적으로 언제 가능해질까에만 신경을 쓰지만, 그 대중화를 위해서는 법규와 관행을 바꾸는 일도 꼭 필요하다. 그리고 오늘날에는 기술적 발전보다 사회적 관행의 변화가 더 느리기 때문에, 실질적으로 사회적 합의가 자율주행 자동차의 대중화 시기를 결정할 가능성이 크다. 왜냐하면 무한히 완벽한 자율주행은 불가능하기 때문에, 사람들이 자율주행 기술을 포용하고 그에 맞는 시스템을 구축해야 비로소 대중화될 수 있기 때문이다. 지금은 자율주행 자동차가 있어도, 자율운전 중에 잠을 자는 운전자는 신고당하고 체포될 것이다. 자율주행 자동차가 사고를 내면 수많은 사람이 비난할 것이다. 그보다 훨씬 더 많은 이들이 사람이 운전하는 차에 의해서 죽어간다고 해도 말이다.

최근에 기술의 발전 속도가 인간의 적응 속도를 능가하고 있다는 것을 보여주는 또 하나의 극적인 사례가 있었다. 2023년 3월 29일 미국 비영리단체 '삶의 미래 연구소Future of Life Institute, FLI'가 주도하여 작성하고 테슬라의 대표 일론 머스크를 비롯한 인공지능 전문가, 업계 관계자 등 1000여 명이 서명한 공개 서한에서, 오픈AI의 'GPT-4'를 능가하는 '거대언어모델'* 개발을 6개월

* '언어모델Language Model, LM'은 주어진 언어 입력에 대응할 확률값이 가장 높은 언어 표현을 출력하는 인공지능이다. 다시 말해 일상어로 표현된 하나의 질문에 대해 적절한 답을 출력하는 것이다. '거대언어모델Large Language Model, LLM'은 오픈AI의 챗GPT-3.5처럼 대량의 학습 데이터와 변수값을 사용하는 인공지능으로, 더 뛰어난 언어 사용 능력을 보여준다.

간 중단하고 안전 규약을 마련해야 한다고 주장한 것이다. FLI는 이 서한에서 강력한 인공지능은 그 효과가 긍정적이고 위험을 관리할 수 있을 때에만 개발해야 한다고 주장한다. 이러한 제안이 현실적으로 효과가 있는가를 떠나서, 무기도 아닌 기술에 대해서 이러한 제안이 존재한다는 것 자체가, 이미 기술적 발전이 사회적 합의의 대상이 되고 있으며 '인공지능 패러다임이란 무엇인가'를 파악하는 일이 시급하다는 점을 보여준다.

자율주행이 보편화된다는 말은 택시나 트럭 운전기사가 그 일을 계속 할 수 없다는 의미이기도 하다. 사람들의 수명은 점점 늘어가는데, 20년간 택시 운전을 한 사람이 새롭게 훈련을 받아서 다른 직업을 가질 수 있을까? 인공지능 기술이 발달하면 이런 일이 특정한 한두 가지 직종에서가 아니라 사회 전반에서 일어날 것이다. 앞으로 젊은이들은 20년 가깝게 교육을 받고 직업을 갖더라도 10년을 유지할까 말까 한 세상에 살게 될까? 그다음에는 완전히 새로운 걸 공부해야 하고? 그건 참을 수 없을 만큼 고통스럽고 비용이 많이 드는 과정일 것이다. 따라서 이런 변화를 겪을 인간에 대한 고민 없이, 점점 빨라지는 기술의 발전과 대중화만 생각할 수는 없다. 노동자들이 노동권 따위는 존재하지 않던 산업혁명 과정 속에서 생겨난 참상을 견뎌낼 수 있었던 것은, 그 과정이 상대적으로 천천히 진행되어서 협상도 하고 적응도 할 수 있었기 때문이다. 지금은 그렇지 않다. 딥페이크deepfake 같은 인공지능 기반 이미지 합성 기술이 수많은 영화 업계 종사자를 단숨에 실업자로 만들 수도 있다. 결국 사회적 진보의 속도를 결정하는 것은 기술 개발의 한계가 아니라 인간의 적응 속도가 될 가능성이 크다.

인공지능이 발달한 미래가 오려면, 우리가 인공지능 패러다임을 이해해야 한다. 그리고 완전히 새로운 교육과 사회 환경의 개혁이 필요하다. 이런 변화가 이루어지지 않는다면, 인공지능의 발달은 매우 제한되고 혼돈은 커질 것이다. 우리가 인공지능 패러다임을 이해하는 만큼만, 미래는 우리에게 올 것이다.

2장

기호주의 인공지능과 문자 지식 패러다임

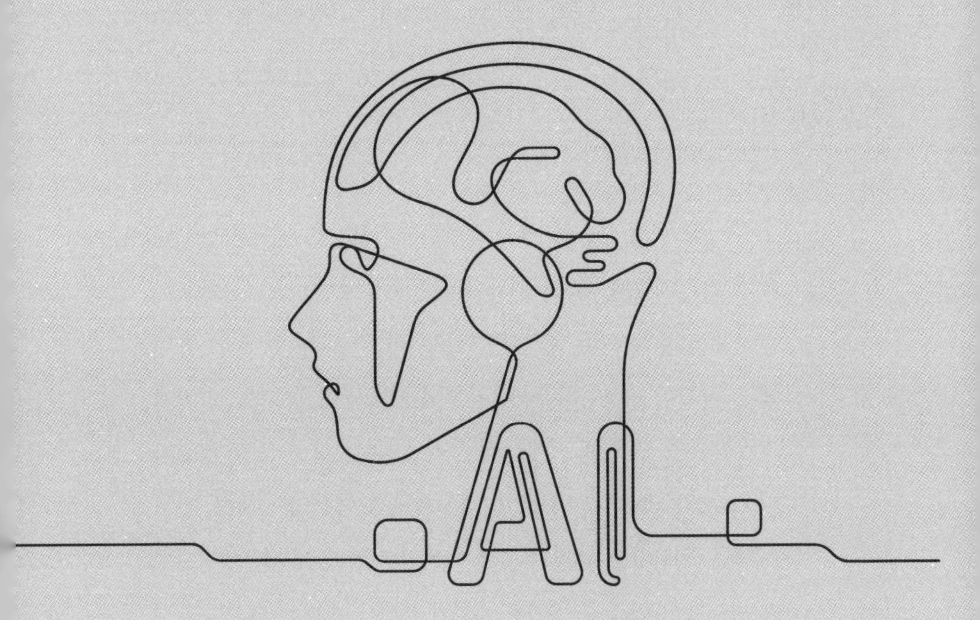

오래된 인공지능

1955년 미국 다트머스 대학교 수학과의 젊은 교수 존 매카시John McCarthy는 록펠러 재단에게 어떤 학술회의를 열자는 제안서를 제출한다. 그는 마빈 민스키Marvin Minsky, 너새니얼 로체스터Nathaniel Rochester, 클로드 섀넌Claude Shannon 등과 함께 이렇게 제안한다.

> 우리는 1956년 여름에 미국 뉴햄프셔주 해노버의 다트머스 대학교에서 10명의 연구원이 2개월간 인공지능Artificial Intelligence 연구를 수행할 것을 제안합니다. 이 연구는 학습의 모든 측면 또는 지능의 다른 특징이 정확하게 기술될 수 있다는 가정에 기반합니다. 그럴 때 기계는 이를 시뮬레이션할 수 있을 것입니다. 기계가 언어를 사용하고, 추상화와 개념을 형성하며, 현재는 인간의 몫으로 남겨진 문제를 해결하고, 스스로를 개선하도록 만드는 방법을 찾기 위한 시도가 이루어질 것입니다.

1956년 여름, 이 다트머스 학술회의Dartmouth workshop가 실제로 열렸다. 이 제안서에서 인공지능이라는 단어가 처음 쓰였으며, 이 학술회의 이후 인공지능은 하나의 연구 영역으로 발전해 왔다.

이제까지 인공지능 분야에는 인공지능을 구현하기 위한 확연히 다른 두 가지 방식이 있었다. 하나는 '기호주의' 혹은 '규칙 기반'의 접근법이고, 다른 하나는 '연결주의' 혹은 '기계학습' 접근법이다. 이 두 가지 접근 방식은 모두 인공지능 연구 초기부터 존재했지만, 당시에는 몇 가지 이유로 기계학습 접근법은 발전이 멈춰 있었다. 그 이유 중 하나는 컴퓨터가 충분히 빠르지 않았기 때문이다. 기계학습은 매우 빠른 컴퓨터와 방대한 데이터를 요구한다. 그래서 기계학습보다는 기호주의 접근법이 초기 인공지능 분야의 주류를 이뤘다.

기호주의 접근법에서 인공지능은 인간의 판단과 추론을 규칙 형태로 컴퓨터에 입력함으로써 만들어진다. 기호주의 인공지능은 인간이 만든 기호와 규칙을 사용하며, 그중에서 규칙은 인공지능 개발자가 아니라 각 분야의 전문가에 의해 만들어진다. 예를 들어 체스의 경우에는 체스 전문가가 특정 상황에서 다음 수를 어떻게 둘지를 규칙 형태로 제공하여 체스 인공지능이 만들어지고, 의료 진단의 경우에는 의료 전문가가 자신의 판단을 규칙으로 제공하여 질병을 진단하는 인공지능이 만들어진다.

여기서 '형식적 시스템' 내지 '형식적 틀'이라는 말의 정확한 의미를 알아둘 필요가 있다. 수학적인 엄밀한 의미에서 형식적 시스템은 4가지 요소로 구성된다. 첫째는 '기호나 상징'이다. 둘째는 '구성 규칙'이고, 셋째는 '변형 규칙'이다. 마지막으로 '공리'이다. 먼저 기호나 상징은 이 형식적 시스템에서 사용되는 어휘 또는 단어에 해당한다. 구성 규칙은 기호들이 어떻게 나열될 수 있는지, 즉 어떤 나열이 허용되거나 허용되지 않는지를 말해준다. 변형 규칙은 특정한 기호들의 나열이 주어져 있을 때, 그것이 어떻게 다른 나열로 변형될 수 있는지를 말해준다. 공리는 더 이상의 설명 없이 유효하다고 여겨지는 기호의 나열을 말한다. 즉 우리가 공리에서 출발하여 변형 규칙을 써서 만들어낼 수 있는

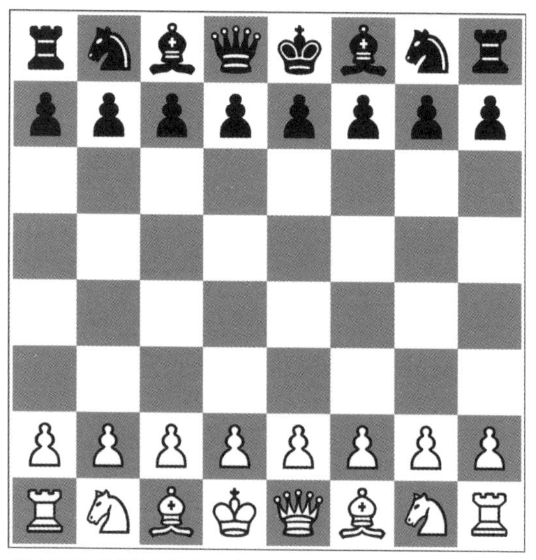

체스를 통해 '형식적 시스템'의 의미를 이해할 수 있다.

기호의 나열들을 '옳은 표현'이라고 말할 때, 공리는 이 형식적 시스템 내에서 자명하게 옳다고 여겨지는 표현이다.

이런 추상적인 설명은 체스를 통해서 보다 쉽게 이해할 수 있다. 체스는 하나의 형식적 시스템을 이룬다. 첫째로 여기에서 기호나 어휘, 또는 상징에 해당하는 것은 체스 말들이다. 둘째로 구성 규칙은 말이 놓이는 방식으로, 체스판의 모양에 의해서 주어진다. 즉 우리는 체스판의 바깥이나 선 위에 말을 놓아서는 안 된다. 셋째로 변형 규칙은 퀸이나 폰 같은 각각의 말을 움직이는 규칙이다. 즉 두 진영은 자기 차례가 되면 규칙에 따라 하나의 말을 움직여서, 체스판 위 말들의 배열을 새롭게 바꿀 수 있다. 마지막으로 공리는 처음 체스 게임을 시작할 때 말들의 배열이다. 형식적 시스템의 다른 예인 수학에서는 하나 이상의 '공리'가 있고, 이 공리들에서 출발해서 허용되는 규칙에 따라 만들어지는 새로운 상징들의 나열이 '정리'이며, 그 정리까지 도달하는 과정이 '증명'이다.

간단히 말하면 기호주의 접근법으로 만들어지는 인공지능이란, 해야 할 일을 길게 늘어놓은 목록을 순서대로 규칙에 따라 실행하는 컴퓨터 프로그램을 말한다. 컴퓨터가 등장한 이후 인공지능을 처음 만들려고 할 때, 연구자들은 자연스럽게 사람을 흉내 내려고 했다. 사람들이 의식적으로 행하는 지능적인 행동을 컴퓨터에게 시키면, 컴퓨터가 지능적이게 되리라고 생각한 것이다. 그리고 그건 바로 해야 할 일을 기호로 적고, 유효한 규칙에 따라 순서대로 행하는 일이었다. 1964년 요제프 바이첸바움Joseph Weizenbaum이 만들어낸 채팅 프로그램 일라이자ELIZA나, 1970년대 스탠퍼드 대학교에서 심각한 감염증을 일으키는 박테리아를 진단하기 위해 개발된 전문가 시스템 마이신MYCIN은 모두 기호주의 인공지능의 예다.

그러나 이런 기호주의 인공지능에 대해 생각하다 보면, 사실 20세기 들어 '인공지능'이라는 말이 만들어지기 훨씬 전에도 '기술 발전에 의해서 만들어진 지능'이라는 의미에서의 인공지능이 있었다는 사실을 깨닫게 된다. 그것은 매우 오래전에 만들어졌고 이제는 너무나 친숙하기 때문에, 오늘날에는 우리가 그것을 타고나는 게 아니라 태어난 후에 획득한다는 사실마저 종종 망각된다. 기호주의 인공지능은 이 '오래된 인공지능'의 아주 단순한 확장에 지나지 않는다.

내가 말하는 과거의 인공지능이란 바로 '기록된 정보', 좀 더 좁게 말하면 '문자로 기록된 지식'이다. 왜 문자로 기록된 지식이 오래된 인공지능이라는 걸까? 물론 이 말이 먼 과거 어느 시기에는 책이나 글을 인공지능이라고 불렀는데, 오늘날 우리가 그 사실을 잊어버렸다는 뜻은 아니다. 문자 덕분에 굉장히 다양한 상황에서 문제를 해결하는 데 쓰일 수 있는 새로운 지식들이 만들어졌다. 즉 인간이 개발한 도구 중 하나인 문자는 새로운 문제 해결 능력을 만들어냈다. 나는 바로 이것을 오래된 인공지능이라고 부른다.

좀 더 자세히 들여다보자. 문자는 정보를 다루는 기술이다. 사람이 문자로 무언가를 기록하기 전까지는, 설사 원시적인 구술 언어를 쓰고 심지어 그림까지 그렸다 하더라도, 정보의 보존은 기본적으로 인간의 타고난 기억력에 의존해야 했기에 매우 제한적일 수밖에 없었다. 수많은 기억, 즉 정보는 자연히 시간이 지남에 따라 변형되다가 결국 사라졌다. 하지만 인간이 정보를 문자라는 상징을 사용하여 기록하기 시작하자, 우리는 수백 수천 년 후의 사람에게까지 전할 수 있는 안정성을 지닌 복잡한 기록을 남길 수 있게 되었다. 21세기를 사는 사람도 고대 이집트 사람이 남긴 기록을 읽을 수 있는 것이다.

안정적인 정보의 기록은 엄청난 일을 해낼 수 있다. 물리학자 에르빈 슈뢰딩거가 그의 책 《생명이란 무엇인가What is Life?》에서 지적하듯이, DNA가 지닌 분자적 안정성은 진화에 있어서 필수적이다. 그로 인해 같은 DNA가 수없이 복제되어도 변화하지 않으며, 생물이 방사선을 과하게 쬐지 않는 이상 유전자 변형을 일으켜 죽지도 않는다. 이런 DNA의 안정성이 없다면, 지구상의 생명체는 진화가 일어나기도 전에 사라졌을 것이다. 그리고 진화가 가능했기에, 인간 같은 복잡한 생명체도 출현할 수 있었다.

마찬가지 이유로 변하지 않는 안정적인 정보의 기록을 갖게 되자, 인간이 모아서 조합할 수 있는 지식의 양은 엄청나게 증가했다. 인간의 손안에서 정보들은 진화를 거듭했다. 인간이 교향곡을 작곡하거나 장편소설을 쓸 수 있는 이유는, 그것을 문자라는 상징 내지 기호의 형태로 기록하여 재조합하고 수정할 수 있기 때문이다. 나 역시 머릿속에서 전체 내용을 한번에 떠올려서 단숨에 이 책을 써 내려간 게 아니라, 문자로 쓰고 고쳐가면서 완성했다. 인간이 발달시킨 복잡한 문명이란 결국 문자가 있었기에 생겨날 수 있었던 것이다.

기록을 할 수 있다는 건, 단순히 기존에 사람들이 하던 생각을 적을 수 있다는 의미 이상이다. 그러니까 생각 자체는 원래 있었는데 문자가 나와서 그 생각을 기록할 수 있게 되는 걸 넘어서, 기록 기술이 있기에 복잡한 생각이 가능해지는 것이다. 《구술문화와 문자문화Orality and Literacy》를 쓴 월터 옹은 철학과 논리 자체가 문자문화에 의해서 만들어졌지만, 오늘날 사람들은 어떻게 문자가 사람들의 생각과 말을 바꿔버렸는지를 대부분 잊어버렸다고 지적한다. 그래서 문자문화 이전의 순수한 구술문화를 이해하려면, 우리는 희미한 흔적들을 연구해야 한다. 구술문화에 속하는 사람은 문자문화에 속하는 사람과 크게 다르다. 그들은 추상적 개념을 다루지 못하고, 카테고리의 구분에 무능하며, 삼단논법 같은 형식논리에 관심이 없다. 또한 무언가를 정의 내리기를 거부하고, 자신의 인식 세계를 지식을 통해 확장하는 데 익숙하지 않으며, 말로 자신을 분석하는 능력도 없다. 문자라는 기술은 지능적인 인간의 생각을 기록하는 데 쓰였다기보다는, 새로운 지능을 만들어냄으로써 기존의 인간 지능을 확장했다.

이러한 지능의 확장은 여러 가지 방식으로 이루어질 수 있는

데, 그 방식을 명확히 인지하기 위해서는 기술 발전을 패러다임의 형식 속에서 파악해야 한다. 우리는 문자를 써서 지식을 만들어내고 그 지식으로 문제를 해결하는 접근법을 '문자 지식 패러다임'이라고 부를 것이다. 우리는 짧은 정보나 지식 혹은 기억하기 어려운 긴 경험을 문자로 기록하고 수정하고 조립함으로써, 이전에는 불가능하던 더 복잡한 지식을 얻을 수 있다. 물론 이런 일을 하는 주체는 인간이지만, 그럼에도 문제를 해결해주는 것은 바로 이런 지식이다. 따라서 문자에 의해서 만들어진 이런 능력을 '문자 지식 지능'이라고 부를 수 있다. 지능이 문제를 해결하는 능력이라면, 문자 지식 지능은 문자로 쓰인 지식을 사용함으로써 얻게 되는 능력이다. 기호주의 인공지능은 컴퓨터라는 새로운 도구의 도움을 받아 문자 지식 지능을 확장한 것이다.

문자로 기록하는 기술은 인간의 제한적인 기억력을 극복할 수 있게 해주었고, 그 기억을 남에게 전달하는 방식도 혁신했다. 말로 하면 한 시간이 걸리는 이야기를 전하기 위해 매번 한 시간씩 말할 필요가 없어졌다. 기록과 정보의 누적이 없었다면, 구술 언어도 더 발달하지 못했을 것이다. 문자문화는 어휘의 수를 크게 증가시켰다. 그러니까 설사 문맹이라 할지라도, 문자문화가 보편화된 문명사회에 사는 사람은 누구나 문자의 발명으로부터 영향을 받을 수밖에 없다. 문자의 힘으로 누적된 지식이 발달시킨 언어를 배웠기 때문이다. 문자 지식 지능이 어느 정도 주입된 것이다.

문자가 있으면 규칙을 가진 형식적 시스템을 만들기가 쉽고, 길고 복잡한 지식을 다룰 수 있다. 그리고 문자는 단순히 어휘의 수를 늘리는 걸 넘어서, 우리의 생각을 지배하는 언어를 크게 바꾼다. 앞에서 나는 환원주의적 특성을 잘 보여주는 예로 수학을 든 바 있다. 수학자는 공식을 증명하고, 다시 증명된 공식들을 모아서 새로운 정리를 증명하여, 더 복잡한 공식을 만들어낸다. 이는 공식이라는 블록을 이용해서 거대한 논리의 건축물을 세우는 일인데, 이런 수학적 시스템의 개발은 절대 머릿속에서 해낼 수 없다. 인간의 기억력을 초과하기 때문이다. 결국 문자 기록이 수학적 해석 능력을 가질 수 있게 하고, 수학의 힘을 보여주는 거대한 수학 건축물을 가능하게 한 것이다.

이런 일은 수학에서만이 아니라, 우리의 일상적 사고에서도 일어난다. 나는 우리가 일상에서 쓰는 언어를 들을 때도 종종 수학공식을 연상하곤 한다. 사람들이 쓰는 일상어는 수학처럼 엄밀한 규칙을 따르는 형식적 시스템을 이루진 않지만, 그럼에도 비슷한 측면이 있고 의도적으로 그런 시스템에 가까워지려는 노력도 이어져 왔다. 더 크고 복잡한 사회는 언어가 더 명확한 의미를 가져야 한다고 요구하기 때문이다. 예를 들어 우리는 일상에서 '돈'이나 '민주주의' 같은 단어를 흔히 쓴다. 마치 우리가 그게 무슨 의미인지 아는 듯이 말이다. 물론 우리는 학교 수업이나 개인적 경험을 통해 그것이 무엇인지 대충은 알지만, 단도직입적으로 그런 추상적인 개념의 정의를 물으면 정확히 답하기 어렵다.

그런데 우리는 어떻게 그런 말을 일상적으로 쓸까? 왜냐하면 우리에게는 다른 사람들이 있고, 학자와 대학과 도서관이 있기 때문이다. 다시 말해 전문가가 아닌 내가 '민주주의란 무엇인가'라는 질문을 끝없이 파고들지 않더라도, 다른 사람들이 이미 그 단어를 일상생활 속에서 쓰고 있으며, 학자들이 그 분야에서 정보를 모으고 의미를 분명히 하여 남긴 기록이 도서관에 보존되어 있다. 즉 사회의 어딘가에서는 누군가 말을 분석하고 표준화하고 일관성 있는 시스템으로 만드는 일을 하고 있는 것이다.

진시황이 천하통일을 한 후에 가장 먼저 한 일은 도량형 통일이었다. 하나의 사회를 통일적으로 움직이기 위해서는 말의 표준화, 기준의 표준화가 필요하다. 이 동네에서 '사과'라는 말이 저 동네에서는 '감'을 의미하는 일이 계속되면 혼란이 일어날 것이기 때문이다. 이런 표준화를 통해서 수학처럼 엄밀하지는 않지만 그와 유사한 규칙을 지닌 말의 형식적 시스템이 구축되며, 이러한 사회적 배경이 있기에 우리는 일상생활에서 상당히 추상적인 말을 하면서도 서로 일정 정도 의미를 공유한다고 믿을 수 있다. 그게 아니면 말은 점점 다르게 쓰이다가, 결국 간단한 말이 아닌 추상적이고 복잡한 말은 통용되지 않게 될 것이다.

예를 들어 시장에서 누군가가 사과 한 알을 산다고 하자. 이때 구매자와 판매자는 잠재적으로 그 사회의 정보 시스템을 호출한다. 구매자가 '사과'를 달라고 했는데, 판매자는 '감'을 준다면 어떻게 될까. 그에 대해 항의하는 손님에게, 장사치는 이것도 사과라고 주장할지도 모른다. 그렇게 싸운 끝에 법정에 간다면 어떤 일이 벌어질까. 말의 분석이 이루어질 것이다. 결국 학자와 도서관이 호출되고, '사과'라는 단어가 정확히 어떤 의미인지를 논하게 될 것이다. 물론 이런 일은 대개 벌어지지 않는다. 마치 수학자가 그에 대한 증명이 어딘가에 있다고 믿으면서 수학공식을 쓰듯, 우리도 일상생활에서 쓰이는 말이 사회적으로 표준화된 뜻을 지니고 소통될 수 있다고 믿으면서 그 말을 쓰기 때문이다. 그렇지 않으면 일상생활에서 '돈은 나중에 계좌 이체할 테니, 주문한 물건을 먼저 택배로 보내주세요' 같은 복잡한 말을 할 수 없다. 그리고 이 모든 것의 시작은 물론 '문자'와 '쓰기'이다.

쓰기가 이렇게 중요하기 때문에, 같은 것을 다르게 적기만 해도 상당한 변화를 가져온다. 인도숫자의 사용이 가져온 변화는 인간 문명이 쓰기 방식에 민감하게 의존한다는 점을 알려주는 좋은 예이다. 우리가 통상 말하는 아라비아숫자는 원래 인도에서 5세기경에 만들어졌다. 그리고 이 숫자 체계는 후일 아랍을 거쳐서 유럽까지 전파되었는데, 이 때문에 인도숫자를 아라비아숫자라고도 부르게 되었다.

인도숫자가 보편적으로 쓰이기 전까지만 해도, 유럽에서 쓰이던 숫자 체계는 지금도 널리 알려져 있는 로마숫자였다. 'I, II, III, IV'로 이어지는 로마숫자를 머릿속에 떠올리는 순간, 현대인은 궁금증에 빠지게 된다. 도대체 이런 숫자를 가지고 어떻게 산수를 했을까? 큰 숫자를 다루려면 너무 골치 아프지 않나? 그들에게는 큰 숫자를 쓰거나 숫자를 정확히 다룰 필요가 별로 없었나?

숫자를 다루는 일의 효율성은 표기 방식에 따라 크게 달라진다. 그래서 유럽에서 상거래가 발달하기 시작하자, 유럽 사람들도 로마숫자를 버리고 인도숫자를 쓰지 않을 수 없었다. 만약 그들이 계속 로마숫자를 고집했다면, 뉴턴이라는 위대한 물리학자이자 수학자는 탄생할 수 없었을지 모른다. 로마숫자로 미적분과 고전역학을 발전시키는 일은 논리적으로 가능하지만, 실질적으로는 불가능했을 것이다. 유럽 문명도 번성하지 못했을 것이다. 이러한 숫자 표기 방식의 예가 보여주듯이, 더 효율적으로 개선된 문자 형식은 문자 지식 지능을 크게 바꿀 수 있다.

인간이 문자를 써서 기록하기 시작한 이래로, 그리고 그 기록들을 사회적으로 수정하고 조합하고 확장하기 시작한 이래로, 인간은 인공적인 수단으로 자신의 지능을 확장해왔다. 우리가 매뉴얼을 보고 어떤 기계를 조립한다고 하자. 비록 그 기계가 작동하는 원리를 모른다고 해도, 우리는 매뉴얼의 명령에 따라 기계를 조립해낼 수 있다. 그 매뉴얼이 하는 역할은, 컴퓨터에서 프로그램이 하는 역할과 정확히 같다. 단지 차이가 있다면, 컴퓨터가 아닌 인간이 그 매뉴얼을 수행한다는 것뿐이다.

컴퓨터가 등장하고 인공지능이 하나의 연구 분야로 성장하기 시작하자, 사람들은 인공지능이라고 생각조차 하지 않던 이 문자 지식 지능을 컴퓨터가 수행하도록 만들고자 했다. 그들은 이 문자 지식 지능의 힘을 확신한 나머지 그것이 인간 지능의 전부라고까지 생각했으며, 컴퓨터가 등장했으니 얼마 지나지 않아 인간처럼 지능적인 기계가 등장하리라 믿었다. 그러나 그런 일은 일어나지 않았고, 기호주의 접근 방식으로 만들어진 인공지능 프로그램은 컴퓨터가 더 발달한 이후에도 대단한 결과를 가져오지 못했다. 그것은 기호주의 인공지능 패러다임이 문자 지식 패러다임의 아주 단순한 확장에 불과하며, 문자 지식 지능이 인간 지능의 전부도 아니기 때문일 것이다.

오늘날 인공지능 분야에서 나오는 성과물들은 기본적으로 '기계학습'이라는 다른 접근 방식을 통해 만들어지고 있다. 진정으로 새로운 접근법인 인공지능 패러다임은 이 기계학습 인공지능에 관한 것이다.

AI 기호주의 인공지능의 한계

MIT와 버클리 대학교의 교수 휴버트 드레이퍼스는 1972년 《컴퓨터가 할 수 없는 것What Computers Can't Do》을 출간한다. 그는 철학자로서 미국의 비영리 연구 개발 기관 랜드연구소의 컨설턴트로 일하면서 1964년에 인공지능 연구에 대한 평가를 했는데, 이 책은 그 과정의 결과물이다. 그는 여기서 '인공지능의 한계'를 이야기하는데, 엄밀히 말하면 이는 당대에 유행하던 '기호주의 인공지능의 한계'라고 할 수 있다.

드레이퍼스가 당시의 인공지능 연구에 대해서 내린 결론은 매우 냉혹했다. 한마디로 인공지능 연구는 그 옛날의 연금술과 같은 사기라는 것이다. 그는 이것이 인공지능을 연구하는 학자들이 4가지의 가정을 당연하게 여기기 때문이라고 주장했다. 그 가설은 각각 '생물학적 가정', '심리학적 가정', '인식론적 가정', '존재론적 가정'이다. 생물학적 가정과 심리학적 가정은 인공지능이 인간의 뇌와 사고 과정을 그대로 모사한다고 보는 것이며,

인식론적 가정과 존재론적 가정은 환원주의와 연관이 있다.

'생물학적 가정'은 컴퓨터 등장 초기에 제기되어 큰 인기를 얻었다. 이러한 인기 때문에 사람들은 '컴퓨터가 지능을 가질 수 있을까'라는 질문을 넘어, '인간 뇌도 컴퓨터처럼 디지털 정보처리를 하는 게 아닐까'라는 생각까지 품게 되었다. 그것은 뉴런이 디지털 스위치처럼 '0'과 '1'이라는 두 가지 상태만을 갖는다는 생각이었다. 이런 생각은 오늘날에만 터무니없이 들리는 게 아니라, 당대에도 그리 중요한 아이디어로 여겨지지 않았다. 그래서 드레이퍼스의 책에도 그리 길게 논의되지 않는다.

드레이퍼스가 진짜 관심을 가졌던 것은 자신이 철학적이라고 여겼던 심리학적 가정, 인식론적 가정, 존재론적 가정이다. 그는 편의상 각각의 가정을 따로 반박했지만, 사실 그 반박은 자연스럽게 서로 연결되어 있다.

먼저 심리학적 가정과 인식론적 가정을 살펴보자. 인공지능 연구 초기에 인지과학 분야의 사람들이 취했던 심리학적 가정이란 인간은 어떤 형식적 틀에 따라 주어진 정보를 처리한다는 것이다. 그리고 인식론적 가정이란 이 세상에 존재하는 모든 현상은 형식적 틀의 형태로 기술할 수 있다는 것이다.

복잡해 보이는 이 두 가지 내용을 보다 쉽게 이해하도록 도와줄 예를 살펴보자. 뉴턴은 미분방정식을 사용한 고전역학이라는 형식적 시스템을 통해 행성의 움직임을 기술했다. 심리학적 가정이란 행성 자체가 이 방식에 따라 움직임을 결정한다는 것이다. 다시 말해 행성이 마치 물리학자처럼 미분방정식을 풀면서 그 결과에 따라 움직인다는 것이다.

행성이 미분방정식을 풀고 그에 따라 움직인다는 말에 웃을지 모르겠다. 마찬가지로 인공지능에 대한 '심리학적 가정'이란 인간처럼 행동하는 기계, 즉 인공지능을 가진 기계가 인간의 심리적 판단 순서를 그대로 반복한다는 것이다. 드레이퍼스는 행성이 미분방정식을 푼다는 말이 우습듯, 당대의 기호주의 접근 방식에 따라 만들어진 인공지능이 인간의 뇌 안에서 실제로 일어나는 과정을 반복한다는 생각도 말이 안 된다고 주장한다. 즉 인간이 지능을 가졌다는 것이, 인간이 머릿속에서 프로그램을 작동시키고 있다는 것과 같을 수는 없다는 말이다. 인간 지능은 단지 문자 지식 지능만이 아니며, 인간의 모든 사고가 문자 지식 지능과 동일하게 이루어지진 않기 때문이다.

드레이퍼스는 이와 관련하여 철학자 비트겐슈타인과 컴퓨터 과학자 앨런 튜링을 언급한다. 비트겐슈타인은 인간의 언어활동은 규칙을 배워서 하는 것도, 규칙을 따라서 하는 것도 아니라고 말했다. 즉 인간의 언어 행동이 단순히 어떤 규칙들을 따르는 행위라고 여길 수는 없다는 것이다. 인공지능에 대한 질문은 자연히 이와 비슷한 형식을 취하게 된다. 언어 행동도 인간 행동의 일부인데, 과연 규칙대로 움직이는 컴퓨터가 인간 지능을 가질 수 있을까? 인간이 사고하는 규칙을 찾아내고 그것을 컴퓨터에서 재현하면 인간 지능과 같은 인공지능이 만들어진다는 심리학적 가정에 대한 반박은, 이미 비트겐슈타인에 의해서 이뤄졌다는 것이다.

드레이퍼스에 따르면, 튜링은 이에 대해 교묘하게 반박한다. 드레이퍼스는 바로 이것을 '인식론적 가정'이라고 부른다. 튜링에 따르면 인간이 규칙을 외우고 그 규칙대로 행동하지는 않지만, 그렇다고 인간 행동을 묘사하는 형식적 틀이 존재하지 않을 이유는 없다. 이는 다시 한번 앞서 본 행성의 예를 통해 보다 쉽게 이해할 수 있다. 물론 행성은 뉴턴의 미분방정식을 풀지 않지만, 그 방정식은 행성의 움직임을 올바르게 묘사한다. 그렇다면 뉴턴의 방정식 같은 어떤 형식적 틀이 인간 행동을 잘 묘사할 수도 있지 않을까? 인식론적 가정이란 그런 형식적 틀이 존재한다는 것이다. 그러니까 그 가정을 받아들이면, 우리가 할 일은 다시 그런 시스템을 발견하는 것이 된다. 즉 기호주의 인공지능이 인간의 행동을 반복하지 못할 이유가 없다.

드레이퍼스는 일단 그런 틀이 있는지 증명하는 일은 인공지능을 연구하는 사람의 의무이며, 인공지능에 대해 의문을 제기하는 사람에게는 그런 틀이 없다고 증명할 의무가 없다고 말한다. 그리고 이어서 사람들은 물리학과 언어학에서 형식적 틀이 크게 성공했기 때문에 인간 행동에 대해서도 그런 틀이 존재할 수 있다는 생각을 하게 되었는데, 이는 올바른 일반화가 아니라고 주장한다. 물질의 움직임은 자연법칙에 의해 기술될 수 있는데 인간도 물질이므로, 행성처럼 인간도 어떤 형식적 틀을 통해 그 행동을 예측할 수 있다고 간주해서는 안 된다는 것이다.

이 반박의 핵심은 존재론적 가정에 대해서까지 이어지기 때문에, 일단 여기서 그에 대해 먼저 살펴보자. '존재론적 가정'이란 지적인 행동에서 핵심적인 부분은 모두 확정적이고 독립적인 요소들을 바탕으로 이해할 수 있다는 것이다. 즉 과학에서 그렇게 하듯, 전체는 부분들의 합으로서 이해 가능하다는 것이다. 이것은 환원주의라고 일컬어지는 가정과 같거나, 적어도 환원주의를 포함한다.

후설, 하이데거, 메를로 퐁티 같은 대륙의 현상학 철학자에게 익숙한 드레이퍼스는, 이런 존재론적 가정이 기호주의 인공지능이 지닌 결정적 문제이며, 이것은 플라톤 이래 서양 철학에서 이어져 내려온 철학적 편향의 결과라고 주장했다. 즉 일찍이 플라톤이 모든 논증을 일련의 추론 규칙들로, 이 세계를 원자적 사실들로 환원한 이래, 서구 사회에서는 이런 가정을 당연하게 여겨왔다는 것이다. 현상학 철학자들이 바로 비판한 지점이 바로 이것인데, 이런 증상은 하이데거가 서구 철학의 절정으로 여겼다는 컴퓨터의 등장으로 더 심해졌다. 즉 이런 존재론적 가정을 당연한 진리로 여기게 된 것이다.

전체를 부분들로 나누어서 얻게 되는 건 어디까지나 참값이 아닌 근삿값이다. 그런 근삿값이 잘 들어맞는 경우도 있지만, 그렇지 않은 상황도 얼마든지 있다. 드레이퍼스는 이를 설명하기 위해 언어를 자주 언급한다. 언어에서 하나의 단어나 문장이 가지는 의미는 그것을 둘러싼 문맥에 의해서 결정된다. 그러니까 전체를 부분으로 잘게 나눠서 각각의 의미를 따지는 일은 가능하지 않다. 각각의 단어가 지닌 뜻의 합이 그 문장의 뜻은 아니기 때문이다. 이는 당대의 인공지능 연구자들이 당연시하던 환원주의적 태도와 충돌한다. 이렇게 환원주의가 당연시되던 상황에는 과학의 영향이 컸을 것이다. 나중에 설명하겠지만, 과학 패러다임은 문자 지식 지능의 특수한 형태인 과학 지능을 낳는다. 그리고 환원주의는 과학에서 더욱 강력하고 분명하게 작동한다. 그래서 과학의 성공은 환원주의를 당연시하는 풍조를 더욱 강력하게 만들었던 것이다.

드레이퍼스는 그의 책에서 정황과 문맥이 가지는 경계 없음에 대해 수없이 이야기한다. 어떤 문제를 해결하거나, 특정한 시각 패턴을 인식하거나, 언어를 사용할 때, 인간은 무한히 펼쳐지는 정황들 속에서 그런 행위를 한다. 그것을 미리 확정되어 있으며 독립적이라고 여겨지는 작은 사실들로 환원시키면, 아무리 많은 사실을 고려하더라도 여전히 무한하게 남아 있을 그 배경을 무시하게 된다. 이러면 어떻게 인간 행동을 재현할 수 있겠는가. 그의 말은 노장사상에서 말하는 도道를 연상시킨다. 그리고 이러한 도는 말로 표현될 수 없다.

드레이퍼스는 영혼 같은 비과학적인 요소 때문에 인간이 특별하고, 그래서 컴퓨터가 인간이 하는 모든 일을 할 수는 없다고 말하는 것이 아니다. 그는 인간을 분자적 수준까지 그대로 복제

해서 만들 수 있다면, 그런 창조물이 인간의 지능을 지니리라는 걸 의심할 이유는 없다고 말한다. 하지만 인공지능은 그런 게 아니다. 플라톤적인 전통에 따라, 사람들은 지능을 몸과 구분한다. 그러니까 어떤 원리나 규칙이나 형식적 시스템으로 축약된 것을 컴퓨터에 입력하면, 그 컴퓨터도 인간처럼 지능을 가질 수 있다고 생각한다. 하지만 인간 지능은 그런 게 아니다. 인간 지능은 몸에서도 나온다. 심지어 몸 바깥의 환경에서도 나온다. 그러므로 인공지능에 대한 인식론적 가정이나 존재론적 가정은 받아들일 수 없다. 인간 지능은 어떤 형식적 틀로도 전부 묘사되지 않는다. 사람이 말이나 문자로 설명할 수 없는 것이 존재한다.

인간은 이미 사이보그다

단순하게 말하자면, 드레이퍼스는 문자 지식 지능이 인간 지능의 전부가 아니라고 지적하고 있다. 하지만 이 말이 인간 지능에 문자 지식 지능이 포함된다는 사실을 부정하지는 않는다. 우리는 인간 지능이 문자 지식 지능을 능가한다고 말하는 동시에, 이 문자 지식 지능이란 것이 이제까지 얼마나 대단한 일들을 해냈는지도 다시 생각해볼 필요가 있다. 우리는 특히 문자 지식 지능이 우리를 내적으로 완전히 바꾸어놓았다는 사실을 천천히 숙고해봐야 한다. 외적인 변화에만 주목해서는 안 된다. 문자문화를 지닌 문명사회는 단지 구술문화에 속하는 수렵채집인이 문자를 쓰게 된 정도의 사회가 아니다. 문자 지식 지능은 인간을 재정의하고, 인간의 윤리와 욕망과 가치관을 바꿨다. 사람들로 하여금 세상을 완전히 새로운 눈으로 보게 만들었다. 이렇게 기술적 발전으로 인해 후천적으로 생겨난 문자 지식 지능이 바꾸어놓은 바를 고려할 때, 우리는 미래에 인공지능 패러다임이 인간과 사회를 어떻게 얼마나 바꾸어놓을지를 상상할 수 있다.

문자는 인간을 완전히 새로운 종류의 생명체로 바꿔버렸다. 고릴라나 침팬지처럼 적은 수가 모여 친족 집단을 이룬 채 드문드문 떨어져 살던 인간이, 문자 기록을 시작한 지 불과 몇천 년 만에 태양계 바깥으로 탐사선을 보내고, 핵폭탄으로 지구 전체를 한순간에 파괴할 수 있으며, 눈으로는 볼 수 없는 유전자를 조작할 능력을 갖게 되었다. 그 전 40만 년 동안은 그저 숲을 어슬렁거리며 살았는데 말이다. 문자는 기술 발전을 가져왔고 과학을 만들어냈다.

문자라는 기호로 만들어지는 형식적 시스템은 역사나 철학처럼 느슨할 수도 있지만, 과학이나 수학처럼 엄밀한 규칙을 가질 수도 있다. 그리고 이렇게 만들어진 과학이나 수학 이론은 오랜 기간 진리 그 자체로 여겨지기도 했다. 좋은 예가 뉴턴 고전역학과 유클리드 기하학이다. 문자로 만들어진 시스템이 완벽하지만은 않다. 20세기에 들어와서 형식적 시스템은 현실 자체가 아니라 참고할 모델일 뿐이라는 점이 알려졌다. 진리이자 현실 자체로 여겨졌던 뉴턴 고전역학과 유클리드 기하학에 대한 대안적 시스템도 있다는 사실이 알려졌기 때문이다. 게다가 괴델의 불완전성 정리*가 보여주듯, 수학처럼 엄밀한 형식적 시스템에서

---

* Gödel's incompleteness theorems. 1931년 쿠르트 괴델이 발표한 정리로, 자연수 체계를 포함하는 공리 시스템이 무모순적이라면 그 시스템에는 옳으면서도 증명할 수 없는 정리가 적어도 하나 이상 존재해야 한다는 것이다. 이로써 20세

도 완전한 일관성은 기대할 수 없다. 하지만 문자가 이뤄낸 바가 엄청나다는 점도 분명하다.

문자 지식 패러다임이 문자 지식 지능을 만들어내며, 여기에는 과학기술뿐만 아니라 인문학도 포함된다. 오늘날 문자 지식 패러다임은 문명사회에 너무나 널리 퍼진 나머지, 문명인의 내부에 아주 깊게 내재화되었다. 그래서 오늘날에도 문자 지식 지능은 타고나는 게 아니라 명백히 교육에 의해서 주입되고 있는데도, 사람들은 그것을 인공지능이라 여기지 않고 마치 인간의 타고난 지능처럼 착각하기도 한다. 마치 쓰고 읽기를 배우기 전에도 표현을 못했을 뿐, 우리를 인간답게 만드는 지능을 이미 다 갖추고 있다는 양 느끼는 것이다. 그리고 물론 아무도 인간이 문자에 의해 지배되는 사회를 공포스런 눈으로 보지 않는다.

우리는 오히려 읽고 쓸 수 없는 인간을 어딘가 비정상적이라고 여긴다. 대중 교육의 시작이자 기본은 읽고 쓰기이다. 《유년기의 실종The Disappearance of Childhood》*을 쓴 닐 포스트먼은 대중 교육이 시작되기 전까지는 서구에 '어린이'라는 개념이 없었다고 말한다. 대중 교육이 시작되자, 어린이라는 개념을 통해 아직

기 초반까지의 수학을 절대적으로 무모순적인 시스템으로 만들려던 노력이 성취 불가능한 목표라는 것이 밝혀졌다. 버트런드 러셀과 앨프리드 노스 화이트헤드의 《수학 원리》는 이러한 목표를 이루려던 특별히 강력한 시도였다. 괴델의 정리는 《수학 원리》의 시스템에도 적용되고 따라서 그들이 실패했다는 것을 증명한 것이다.

* 국내에는 《사라지는 어린이》(임채정 옮김, 분도출판사, 1987)로 출간됐다.

읽고 쓰기를 못하는 사람, 즉 아직 교육을 받지 못한 사람을 어른과 분리하기 시작했다는 것이다. 그리고 아직 교육과정을 마치지 않은 어린이는 제대로 된 사람이 아니며, 따라서 투표권이나 재산권 같은 기본권을 가질 수 없다고 여겨졌다. 즉 문자 지식 지능이 없으면 제대로 된 인간이 아니라고 보았다. '인간'이란 말의 의미가 바뀐 것이다.

인간은 DNA에 의해 결정된 본성을 지니고 태어나는 것 이상으로, 교육 과정을 통해서 만들어진다. 오늘날 전 세계에서 행해지는 초중고를 거쳐 대학으로 이어지는 교육 시스템의 핵심은, 읽고 쓰기를 배우고 여러 가지 규칙을 머릿속에 주입하는 일이다. 배워야 할 규칙과 정보가 너무나 많기 때문에 교육기관은 전문화된 분야에 따라 나뉘며, 각 분야를 담당하는 교사는 공장에서 컨베이어 벨트로 대량생산을 하듯 학생에게 쉴 새 없이 지식을 주입한다. 학교의 구조는 가르치려고 하는 지식의 구조를 반영한다. 물론 학교가 오직 이런 경험만 주는 건 아니지만, 지식의 주입이 오늘날 교육 시스템의 중요한 부분이라는 걸 부정할 수는 없다. 이것은 문자 지식 지능이라는 문제 해결 능력과 그 결과물을 인간의 뇌에 주입하는 과정이다. 그렇게 인간 지능은 확장된다.

우리는 이미 사이보그다. 인간 지능은 컴퓨터가 등장하기 전부터 이미 인공적인 지능이었다. 좀 더 정확히 말하면 타고난 지능과 인공적으로 만들어진 지능의 하이브리드 시스템이었다. 문명인인 우리가 보고 듣는 것은 대부분 이런 인공적인 지능의 도움으로 가능해졌다. 우리는 글자 같은 상징과 추상적 개념 같은 인공적인 도구에 의존하여 우리의 지능을 확장시켰다.

정보를 누적시키고 분석하는 능력이 발달한 이래, 지난 몇천 년 동안 인간이 거듭해서 발견했던 건 '인간은 다른 동물과 다르다'는 사실이다. 모든 생명체가 그렇듯, 인간도 자기 주변에 시공간적·정신적 경계를 갖는다. 모든 존재는 우주 안에 있지만, 그 우주 전체를 매 순간 느끼면서 사는 생명체는 없다. 플랑크톤은 한 방울의 물을 온 세상으로 느낄 것이고, 숲속의 개미는 고작해야 그 숲 전체를 전 세계로 느낄 것이다. 일주일 정도밖에 살지 못하는 진딧물은 계절 자체를 모를 것이고, 하루살이는 실제로는 1년을 산다지만 그래서는 계절의 순환을 알 수 없을 것이다.

인간은 다르다. 문자 지식 지능이 더 많은 지식을 생산하고 보존할수록, 우리가 사는 세계도 확장된다. 인식하는 세계의 확장은 우리의 가치관을 크게 바꾼다. 예를 들어 그저 집안만이 자신의 세상이던 어린아이가 자라나, 어른이 되어 넓은 세상을 보았을 때의 변화를 생각해보라. 질문하지 않던 것을 질문하게 되고 당연한 것이 무너질 때, 세상은 전혀 달라 보이게 된다. 닭의 세계는 만 년 전이나 지금이나 다를 바 없다. 그들은 문자 같은 도구로 정보를 누적시키고 지능을 확장하는 생명체가 아니기 때문이다.

하지만 인간은 스스로에게 끊임없이 충격을 주어왔다. 사회적·정신적 경계는 깨어지고, 그에 따라 가치가, 윤리가, 욕망이 바뀌었다. 구전되던 이야기는 신화로 정리되고, 종교가, 과학이 나타났다. 짐승처럼 살다 짐승처럼 죽는 게 아니라, 우주의 끝과 시간의 끝을 보는 존재가 된 것이다. 인간은 자신의 경계를 깨닫고, 그걸 넘어서 성장할 수 있었다. 모두 인간이 그걸 위해 필요한 도구들, 특히 문자를 만들었기 때문이다.

앞서 월터 옹의《구술문화와 문자문화》를 통해 살펴보았듯이, 인간의 타고난 지능 혹은 문자 사용 이전의 인간 지능은 왜소하다. 예를 들어 인간은 숫자 개념을 타고나지 않는다. 이는 심지어 현대에도 숫자 개념 없이 살아가는 비非문명권 부족이 있다는 사실을 통해 알 수 있다. 수렵채집을 하며 살아가는 호주의 왈피리족Warlpiri people에게는 숫자 개념이 없으며, 그로 인해 시간과 거리 개념도 부정확하다. 게다가 자녀의 수를 셀 때도 세 명 이상이면 그냥 '많다'고만 한다. 현대인의 숫자 개념은 문자를 통해 주입되었다. 숫자를 '4'까지도 세지 못하던 수렵채집인 시절은 잊히고, 어느새 우리는 인간이란 당연히 지금처럼 쓰고 읽고 말할 수 있는 존재라고 여기게 되었다.

우리는 종종 글자가 없던 시대의 인간도 지금의 우리와 큰 차이가 없을 거라고 막연히 생각한다. 그냥 오늘날의 문맹자 정도를 상상하는 것이다. 현대인에게서 모든 소지품을 빼앗고 옷을 벗긴 뒤에 가죽으로 된 넝마를 입히면, 그들과 고대인 사이에 별 차이가 없을 거라고 생각하기 쉽다. 하지만 이것은 모든 도구는 물질적이라는 생각이 만들어낸 착각이다. 모든 소지품을 버린다고 해도, 현대인의 머릿속에는 여전히 다른 어떤 발명품보다 중요한 인공적인 부품이 이식되어 있다. 그것은 문자가 쓰이게 된 이후에 발달한 언어와 개념과 기록 방식이다.

노벨상을 받은 이탈리아 물리학자 엔리코 페르미에 관해 전해지는 한 일화가 이 점을 잘 보여준다. 그는 2차 세계대전 당시 미국에서 맨해튼 프로젝트의 일원으로 핵무기 개발에 참여했다. 그리고 최초의 핵실험을 할 때, 그는 실험 장소로부터 수 마일 떨어진 곳에서 그 폭발을 관찰했다. 그런데 핵폭발이 일어나자, 그는 갑자기 종잇조각을 허공에 뿌렸다고 한다. 그리고 그 종잇조각이 날아가는 거리를 보고 핵폭발의 강도를 추측해냈다. 페르미의 머릿속에는 수학공식을 포함한 많은 지식이 있었다. 다시 말해 그의 머릿속에서는 여러 가지 형식적 시스템이 작동하고 있었다. 그렇기에 그는 계산기도 없이 종잇조각이 날아가는 거리만 보고 핵폭발의 강도를 추측할 수 있었던 것이다. 페르미는 유전적으로는 30만 년 전의 고대인과 거의 차이가 없다. 이는 학습과정을 통해서 후천적으로 얻어지는 문자 지식 지능이 얼마나 대단한가를 보여주는 사례다.

인간은 도구와 융합하고, 그로 인해 새로운 욕망과 정신적 경계를 갖게 된다. 돈과 융합한 인간은 사업가나 노동자가 되지만, 문자와 결합한 인간은 수렵채집인 시절과는 완전히 다른 문명인이 된다. 그 차이가 너무나 크기에, 나는 그들을 '사이보그 1'이라고 부른다. 이런 새로운 이름을 붙이고, 새삼스레 수렵채집인에서 문자 지식 지능을 갖춘 사이보그 1로의 변화를 되짚어 보는 이유는, 지금 우리가 사이보그 1에서 새로운 수준의 지능을 가진 생명체로 진화하는 단계에 와 있기 때문이다.

오늘날 인공지능 분야의 주류를 이루는 기계학습은 기호주의 접근 방식과는 전혀 다르다. 우리는 이제 이 새로운 인공지능 기술과 결합한 인간을 상상할 수 있다. 즉 진정한 인공지능 패러다임이 만드는 새로운 지능이 주입된 인간을 상상할 수 있다. 그 인간은 외적으로나 내적으로나 지금과는 매우 달라서 '사이보그 2'라고 불러야 할 것이다. 사이보그 2가 출현하게 되는 이유는 사이보그 1이 풀지 못하는 문제가 누적되었기 때문이다.

문명은 언제나 그대로 유지되거나 발전하는 게 아니라, 점점 더 복잡해지다가 갑자기 몰락하기도 한다. 문제를 해결하는 능력이 떨어지면, 그 복잡성을 유지하기 어렵다. 5장에서 더 자세히 살펴보겠지만, 누적된 문제들로 인해 사이보그 1의 사회는 지금 '진화냐 붕괴냐'의 갈림길에 서 있는 듯하다. 붕괴가 아닌 진화를 선택하려면, 사이보그 1은 새로운 인공지능 패러다임으로 재무장하고 사이보그 2가 되어야 한다.

3장

기계학습 인공지능

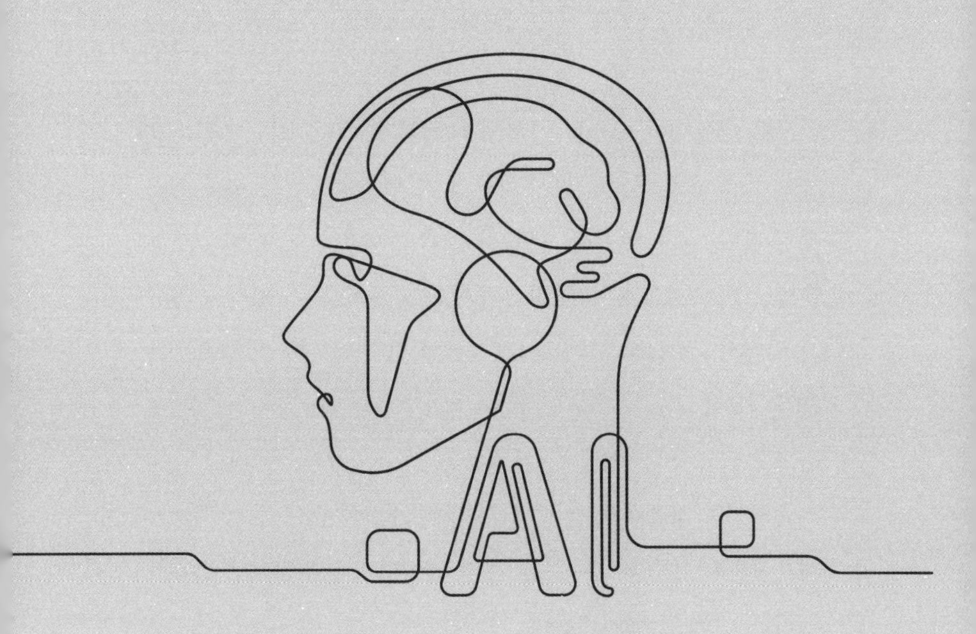

기계학습

앞에서 말했듯이 인공지능을 구현하려는 기술적 접근 방식에는 확연히 다른 두 가지가 있었다. 하나는 기호주의 접근법이고, 다른 하나는 기계학습 접근법이다. '기계학습'은 인간이 규칙을 제공하지 않고, 기계가 스스로 주어진 데이터 안에 존재하는 규칙성을 찾아내어 새로운 상황에 대처하게 만들고자 한다. 예를 들어 체스 경기 기록을 많이 학습한 기계는 체스 두는 법을 스스로 익힐 수 있다. 여기서 '기계'란 실제 기계일 수도 있지만, 보통은 컴퓨터 프로그램이며 '학습기계'라고 불린다. 이 방식도 역사가 길어서, 그 시작은 다트머스 학술회의 이전까지 거슬러 올라간다(자세한 내용은 206쪽 "기계는 어떻게 학습을 할 수 있는가?"와 213쪽 "인공신경망이란 무엇인가?"를 참조하라).

그렇지만 컴퓨터로 할 수 있는 일이 대단치 않던 초기에는 기계학습의 발전도 더뎠다. 그러다가 데이터가 풍부해지고 컴퓨터의 연산 속도도 빨라지면서, 기계학습은 점차 인기가 높아지다가 21세기에 이르러서는 인공지능 기술의 주류가 되었다. 실제로 오늘날 사람들의 주목을 끄는 인공지능은 모두 기계학습으로 만들어지고 있다.

1968년 발표된 고전 SF 영화 〈2001 스페이스 오디세이〉에는 'HAL'이라는 인공지능이 나온다. HAL은 '경험적 방법으로 프로그램된 알고리듬 컴퓨터Heuristically programmed ALgorithmic computer'의 약자로서, 당대의 주류였던 인공지능에 대한 기호주의 접근법을 반영한다. 이와는 달리 1991년 발표된 SF 영화 〈터미네이터 2〉에서는 인공신경망 칩을 언급하는데, 이는 인공지능 분야에서의 접근법이 이미 기호주의에서 기계학습으로 바뀌었음을 반영한다.

기계학습 방법은 데이터가 충분히 많다면 복잡한 현실 문제를 다룰 수 있으며, 기존 데이터에 기반한 일반화를 통해 새로운 상황에 대처할 수 있다. 하지만 이 방법은 많은 데이터를 요구하며, 그 결과를 어떻게 해석해야 할지가 불투명하다는 단점이 있다. 기호주의에서 기호들은 의미가 분명하지만, 기계학습에서 변수들은 의미가 불분명하다. 기계학습으로 만들어진 인공지능 바둑 프로그램 알파고가 잘 보여주듯이, 이렇게 구현된 인공지능이 잘 작동하더라도 인간은 어떻게 그럴 수 있는지를 전부 알 수는 없다.

오늘날 일상에서 이미 사용되고 있는 음성 인식이나 문자 인식, 내비게이션이나 자동차 자율주행 프로그램 등은 기계학습에 의해 만들어진다. 예를 들어 퀴즈쇼에서 인간을 이겼던 IBM의

왓슨, 테슬라의 자율주행 프로그램 오토파일럿, 단백질 접힘 문제를 해결한 구글 딥마인드의 알파폴드, 오픈AI의 거대언어모델 챗GPT 등이 모두 기계학습으로 만들어졌다. 우선 이제까지 인공지능 분야에서 해결하고자 해왔으며, 기계학습 인공지능을 통해 획기적인 진전을 이루어낸 몇몇 문제를 살펴보자.

이미지 분류 Image Classification**와 사물 인식**Object Detection: 여러 대상의 이미지들이 있을 때, 그것을 분류하는 일과 이미지 속 사물을 인식하는 일. 여기에는 개와 고양이, 자동차와 비행기의 사진을 구분하거나, 사람 얼굴을 인식하는 일 등이 포함된다. 요즘 주차장에서 널리 쓰이는 자동차 번호판을 읽어주는 프로그램도 여기에 속한다.

자연어 이해 Natural Language Understanding**와 기계 번역**Machine Translation: 인간 언어를 이해하고 문장의 의미와 문맥을 파악하는 일, 그리고 이를 다른 언어로 번역하는 일. 여기에는 구글 기계 번역이나, 온라인 리뷰를 읽고 그 내용이 긍정적인지 부정적인지를 판단하는 일 등이 포함된다. 최근에는 마이크로소프트가 투자한 오픈AI의 챗GPT 같은 거대언어모델이 큰 성과를 보이고 있다.

음성 인식과 생성 Speech Recognition and Generation: 인간 음성을 인

식하고 텍스트로 변환하는 일, 그리고 인간 음성을 모델링하여 재현하는 일. 여기에는 시리, 구글 어시스턴트, 여러 스마트 스피커처럼 사용자의 음성 명령을 이해하는 프로그램이 포함된다. 특정인의 목소리를 학습해서 텍스트를 읽거나 노래를 하게 하는 서비스도 있다.

자율주행과 로봇 개발: 환경 인식, 도로 상황 판단, 자동 제어 등을 통해 자동차가 도로에서 주행하거나 로봇이 걸어 다니고 물건을 옮기게 만드는 일. 여기에는 전기차 회사 테슬라의 반半자율주행 프로그램인 오토파일럿이 해당한다. 테슬라는 이 프로그램을 개발했던 경험에 기초해서 인간형 로봇인 옵티머스를 개발하고 있다. 이 로봇은 테슬라 자동차를 만드는 공장에서 먼저 쓰일 것이라고 한다.

게임 수행: 말 그대로 게임을 수행하는 일. 가장 유명한 사례는 구글 딥마인드가 만든 바둑 프로그램 알파고겠지만, 이외에도 '스타크래프트', '아타리' 게임, '도타 2', '스트라테고' 등 다양한 게임을 하는 인공지능 프로그램이 만들어졌다.

또한 인공지능은 오늘날 과학 연구의 핵심 도구로도 쓰인다. 인공지능 분야의 기술적 진보는 매우 다양한 과학 연구를 지원하고 있다. 몇 가지 구체적 사례를 살펴보자.

구글 딥마인드의 알파폴드: 이 프로그램은 생명과학 분야에서 아주 중요한 과제인 '단백질 접힘 문제Protein Folding Problem'에 대한 혁신적인 해답을 제공했다. 이는 단백질의 아미노산 서열이 어떻게 접혀서 특정한 기능을 하는 3차원 구조를 이루는지 예측하려는 것으로, 생명과학 분야에서 오랫동안 가장 풀기 어려운 문제로 알려져 있었다. 그런데 알파폴드는 DNA 염기서열로부터 단백질의 3차원 구조를 상당히 정확하게 예측하는 능력을 보여준다. 이와 같은 혁신은 신약 개발 과정의 시간과 비용을 크게 줄이는 동시에, 향후 인체 질환에 대한 이해를 향상시킬 수 있다.

클라이밋에이아이ClimateAi: 이 기업은 인공지능을 활용하여 기후 예측의 정밀성을 향상시키고, 그 과정의 계산 비용을 크게 줄였다. 이를 통해 기후변화에 대한 더 빠르고 정확한 이해를 가능하게 하고, 이를 바탕으로 향후 대응 전략을 세우는 데 도움을 줄 수 있다.

이벤트 호라이즌 망원경Event Horizon Telescope: 전 세계 전파망원경 네트워크를 통해 블랙홀을 관측하려는 이 프로젝트도 인공지능의 도움을 받아 진행되었으며, 2019년 인류 최초로 블랙홀 이미지를 제작해냈다. 이 이미지는 수집된 대량의 데이터를 인공지능을 통해 분석하고 합성하여 만들어졌다. 이는 과학자들이 복잡하고 방대한 양의 데이터를 처리하고 이해하기 어려운 현상을 시각화하는 일에, 인공지능이 중요한 도구로 사용될 수 있음을 보여준다.

이 외에도 인공지능은 재료과학, 양자컴퓨팅, 신경과학, 생태학 등 여러 분야에서 사용되고 있다. 예를 들어 인공지능은 새로운 물질의 전기적 특성, 강도, 화학적 안정성 등을 예측하는 데 사용된다. 또한 뇌 스캔 이미지 분석에 사용되어, 신경과학자들이 뇌의 복잡한 구조와 기능을 이해하는 데 도움을 준다.

이 모든 일이 어떻게 가능한지를 조금 더 이해하고 싶다면, 기계학습에 대한 더 자세한 설명이 담긴 〈부록〉을 읽어보길 권한다. 약간의 수학 지식이 필요하기는 하지만, 더 깊은 이해를 도울 것이다. 하지만 〈부록〉을 읽지 않더라도 이어지는 내용을 이해하는 데는 문제가 없다.

AI의 전제조건과 한계

앞으로는 '기계학습 인공지능'을 줄여서 'AI Artifical Intelligence'라고 쓰려고 한다. AI는 모두 한 가지 가정 내지 전제조건을 갖는다. AI가 데이터를 통해 그 안에 담긴 규칙을 학습한다는 것이다. 이는 가정이 아닌 듯 보이지만, 사실은 가정이다. 우선 데이터 안에 실제로 규칙이 존재하는지 하지 않는지 알 수 없다. 그리고 사실 '데이터가 있다'라는 것 자체도 가정이다. 데이터는 당연히 있는 게 아니다. 여러 가지 전제조건이 충족되어야 데이터라고 부를 만한 것이 존재하게 된다. 이러한 전제조건은 AI의 한계를 만들어낸다. 여기서는 진정한 인공지능 패러다임인 AI 패러다임이 갖는 전제조건과 관련하여 세 가지 경우를 살펴보자.

A. 데이터에 배울 규칙이 없다

어떤 구조의 학습기계를 쓰건, 어떤 학습 알고리듬을 사용하건, AI의 목표는 데이터 안에 있는 규칙을 학습하는 것이다. 그런데 사실은 데이터 안에 배울 규칙이 없다면 어떨까? 데이터는 언제나 규칙을 담고 있는가?

'데이터는 규칙을 제공한다'라는 지극히 당연해 보이는 이 전제는 사실 과학혁명 시대 초기부터 논란거리였다. 이 논란은 '귀납법은 옳은가'를 둘러싸고 벌어졌다. 18세기 철학자 데이비드 흄은 애초에 과거의 데이터로부터 규칙을 도출할 수 있다는 생각 자체에 근거가 없다고 주장했다. 이와 관련해서 버트런드 러셀이 말한 적 있고, 뒤에서 소개할 나심 탈레브의 《블랙 스완The Black Swan》에도 나오는 유명한 칠면조 이야기가 있다.

> 한 칠면조가 있었다. 이 칠면조는 매일매일 자신에게 먹이를 주러 오는 농부를 관찰했다. 그리고 시간이 지남에 따라, 칠면조는 이 농부를 점점 더 신뢰하게 되었다. 바로 농부는 먹이를 주러 칠면조에게 온다는 데이터가 쌓여갔기 때문이다. 어제도 오늘도 농부는 칠면조에게 와서 먹이를 주었다. 그러니 내일도 와서 먹이를 줄 거라는 생각은 그럴듯해 보인다. 하지만 추수감사절 아침이 되면, 농부는 칠면조를 잡아먹을 것이다. 과거의 데이터에 기초해서 그날도 먹이를 먹게 되리라 생각했던 칠면조는 죽어서 오븐에 들어갔다.

과거의 데이터로부터 미래를 예측하는 일이 항상 옳지는 않다는 걸 보여주는 이 이야기는, 빛나는 컴퓨터 안에서 돌아가는 AI

에게도 적용된다. 과거의 경험에서 배울 수 있는 가장 소중한 교훈은, 우리가 믿는 바는 설혹 그 믿음을 지지하는 데이터가 많다고 하더라도 때로는 틀릴 수 있다는 사실이다. 그것도 아주 심각하게 말이다. 이걸 잊으면 실수를 하게 되는데, AI는 이런 실수를 줄여주기는커녕 오히려 더 증가시킬 수도 있다. AI의 목적은 답을 내놓는 것이기에, 언제나 답을 내놓을 것이다. 그러면 과거의 데이터를 기반으로 예측한 미래가 언제나 옳지는 않은데도, AI라는 복잡해 보이는 시스템이 주는 답이라는 이유만으로 우리는 그 답을 지나치게 믿기 쉽다.

나심 탈레브는 그의 책 《블랙 스완》에서 우리의 삶과 우리가 살고 있는 이 세계는 이따금씩 일어나는 놀라운 사건들로 인해 크게 바뀌기 때문에, 과거의 데이터를 기반으로 미래를 예측하는 일은 종종 불가능하다고 설득력 있게 주장한다. 그는 이런 놀라운 사건들에 '블랙 스완'이라는 이름을 붙이는데, 이는 검은 백조가 발견되는 사건 이전까지는 모든 사람이 백조는 희다고 믿었기 때문이다. 하나의 경험과 사건은 우리의 믿음을 크게 바꿀 수 있고, 나아가 세상이 돌아가는 방식을 크게 바꿀 수도 있다. 전에는 상상도 하지 못했던 일이 이제는 일어날 수 있다는 것을 알게 되었기 때문이다.

'블랙 스완'이 나타나는 건 우리가 사는 세계의 통계적 특성 때문이다. 예를 들어 미국인의 평균 재산을 추정하려고 100명을 무작위로 조사하여 평균을 냈다고 하자. 이렇게 미국인의 평균 재산을 추정하는 일은 의미가 있을까? 그렇지 않다. 101명째 사람이 일론 머스크 같은 부자라면, 101명의 평균과 100명의 평균이 엄청나게 달라지기 때문이다. 이는 미국인의 평균 키를 추정하는 일과는 다르다. 이 경우에는 101명째의 키가 평균에 대한 추정값을 크게 바꿀 수 없다. 이렇듯 특정 환경에서는 과거의 데이터나 무작위로 선택한 일부 데이터로부터 도출한 통계가 평균으로 수렴하지 않으며, 그럴 경우 그 통계에 근거한 추측 역시 틀릴 것이다. 따라서 과거의 데이터가 만들어낸 선입견이 오히려 위험을 불러일으킬 수도 있다.

이런 통계적 특성을 지닌 환경을 '극단의 나라Extremistan', '프랙탈의 나라', '멱법칙의 나라'*라고 부를 수 있다. 자신이 지금 극단의 나라에 있는지를 확인하는 한 가지 방법은 이렇다. 그곳에서는 전체 상위 10퍼센트를 뽑아도 여전히 격차가 유지된다. 극단의 나라가 아닌 곳, 즉 '평범의 나라'에서는 그렇지 않다. '프랙탈'이나 '멱법칙'의 경우에도 마찬가지로 범위를 바꾸더라도 그 구조는 변하지 않는다. 멱법칙을 따르는 분포는 '파레토 분포'라고도 알려져 있는데, 앞서 본 세계적 부자가 포함된 재산의 분포가 여기 해당한다.

가장 널리 쓰이는 '정규분포' 혹은 '가우스 분포'에서는, 데이

---

* '프랙탈fractal'은 부분 구조가 전체 구조와 비슷한 형태로 끝없이 되풀이되는 구조를 말한다. '멱법칙power law'은 한 수가 다른 수의 거듭제곱으로 표현되는 함수적 관계를 뜻한다.

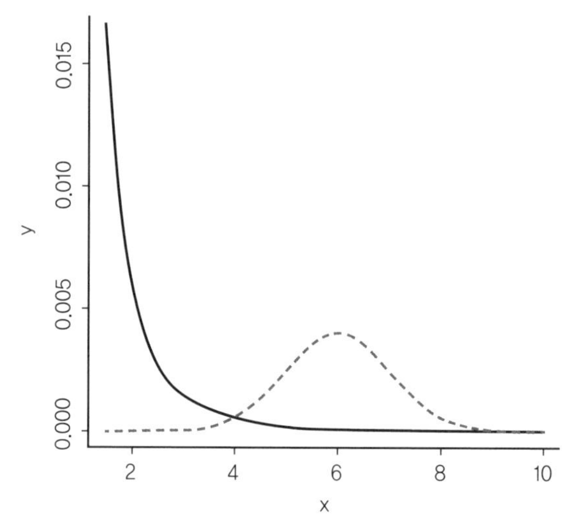

실선은 '파레토 분포'를, 점선은 '정규분포'를 나타낸다.

터 샘플을 취하는 구간을 바꾸면 그 다양성의 폭이 달라진다. 예를 들어 정규분포를 근사近似적으로 따르는 키나 몸무게를 생각해보자. 인간의 키가 한없이 클 수는 없기 때문에, 전국에서 가장 큰 상위 1퍼센트를 뽑으면 키가 서로 비슷해진다. 그럴 경우 제일 큰 사람의 키가 제일 작은 사람보다 2배 클 수는 없다. 키가 4미터인 사람은 없기 때문이다. 반면에 전국에서 제일 작은 사람과 제일 큰 사람을 비교하면, 2배 차이가 가능하다. 키가 1미터가 안 되는 사람은 있기 때문이다. 이렇게 일정 구간이 지나면 통계 분포의 꼬리가 사라지는 건 평범의 나라의 통계적 특성이다.

이런 평범의 나라에서 우리의 경험은 누적되어 정보를 제공한다. 만약 여러분이 '한국인을 100명쯤 무작위로 만나보니, 키가 평균 잡아 이 정도 되더라'라고 경험에 기반한 추정을 한다면, 그 추정은 믿을 만하다. 데이터가 정규분포를 따를 때는, 그 데이터에 기반한 평균값의 추정은 정답에 수렴할 것이다.

하지만 앞서 살펴본 재산 같은 극단의 나라에서는 다르다. 전국에서 가장 부자인 사람 10명을 뽑아도, 그들의 재산은 여전히 크게 차이 난다. 상위 0.1퍼센트의 부자일지라도, 그들끼리 모이면 여전히 제일 부자인 사람과 제일 가난한 사람 간의 재산이 크게 차이 나는 것이다.

이런 통계적 특성을 지닌 극단의 나라에서는, 예측하거나 규칙 찾는 데에 데이터가 별로 쓸모없다. 이따금 유별난 사건이 일어나기 때문이다. 따라서 여러분이 '한국인을 100명쯤 무작위로 만나보니, 재산이 평균 잡아 이 정도 되더라'라고 추정하더라도 의미가 없다. 여러분은 어느 날 갑자기 굉장한 부자를 만날 수 있고, 그러면 평균에 대한 추정값도 크게 바뀌게 된다. 여러분이 주위 사람들을 둘러 보면서 '재산으로 보아 나는 평범하다'라고 말한다면, 그건 착각이다. 파레토 분포를 나타내는 분야, 즉 극단의 나라에는 평범한 사람이 없다. 평균이란 게 의미가 없으며, 따라서 '중산층'은 착각을 불러일으키는 단어다. 이런 경우 자기 주변 사람들만 보고서 내린 '세상이 이러하다'는 추정은 오류인 것이다.

이것이 우리가 미래를 예측하지 못하는 유일한 이유는 아니다. 사실 대부분의 경우, 우리는 왜 자신의 예측이 틀리는지 모른다. 인간 혹은 AI의 대단해 보이는 예측 능력으로부터 눈을 돌려, 역사나 경제 같이 환원주의가 잘 통하지 않는 분야를 살펴보면, 모든 미래가 예측 가능해질 수 있다는 생각은 오만이라는 게 금세 드러난다. 얼마나 성능이 뛰어난 컴퓨터를 쓰건, 얼마나 방대한 데이터를 사용하건, 그 데이터를 블랙박스 안에 넣으면 미래가 예측되어 나온다고 보장할 수는 없다.

그럼에도 불구하고 사람들은 데이터에 기반해서 다음 데이터를 예측한다. 과거의 일들에 기반해서 미래를 예측하고, 이제까지 만난 사람들을 생각하면서 다음에 만날 사람도 이러저러하리라 예측한다. 그리고 이런 예측을 믿는다. 데이터가 보증을 해준다고 믿기 때문이다. 그래서 예측이 빗나가면, 앞서 본 칠면조처럼 깜짝 놀란다. 바로 그런 일들이 '블랙 스완'이다.

책의 판매 부수는 극단의 나라의 또 다른 예다. 대부분의 책은 그다지 높은 판매량을 올리지 못한다. 그래서 우리는 '보통 책을 내면 이 정도 팔리는구나' 하고 착각하기 쉽다. 그러다가 갑자기 '해리포터' 시리즈 같은 베스트셀러가 나오는 것이다. 그러므로 과거의 경험에 기반하여 책이 얼마나 팔릴까를 예측하는 일은 의미가 없어진다.

나심 탈레브는 현대사회에서 극단의 나라는 점점 늘어가고 있으며, 이런 상황에서는 과거의 데이터가 소용없기에 미래를 예측할 수도 없다고 말한다. 그런데도 착각 속에서 기존 데이터로부터 도출한 예측에 따라 행동하면, 우리는 스스로를 위기로 몰고 갈 수도 있다. 이는 데이터 자체가 가진 특성이기 때문에, 사람뿐만 아니라 AI도 예측할 수 없다.

한국 대중음악 역사에 유명한 일화가 있다. 대중음악계에 큰 발자취를 남긴 그룹인 '서태지와 아이들'이 처음 등장했을 때, 당대의 전문가들은 그들을 좋게 평가하지 않았다. 비록 전문가가 AI는 아니지만, 과거의 데이터에 강하게 중독되어 있다는 점에서 AI와 유사성이 있다. 모든 사람이 그랬다면 '서태지와 아이들'은 사라졌을 테지만, 대중은 새로운 음악에 눈뜰 수 있는 능력이 있었다.

'비록 전문가가 AI는 아니지만, 과거의 데이터에 강하게 중독되어 있다는 점에서 AI와 유사성이 있다'라는 문장에 주목하라. 전문가는 더 많은 데이터를 알고 있겠지만, 바로 그 때문에 오히려 더 크게 틀릴 수도 있다. 이론이나 학문에서도 찾아낼 수 있는 질서와 법칙이 있다고 전제하기 때문에, 그것에 중독되면 때로 더 크게 틀릴 수도 있는 것이다.

20세기에 양자역학이 나오기 전까지, 19세기 물리학자들은 물리학이 완성되어 끝난 학문이라고 생각했다. 2008년 세계 금융 위기 같은 거대한 경제 위기는, 뒤집어 말하면 수많은 경제 전문가가 문제가 생기지 않으리라 믿으며 위험을 쌓아 올렸기 때문에 발생한 사태다. AI가 널리 받아들여져서 그것을 제한 없이 지나치게 신뢰하게 된 사회에서는, 이와 비슷한 문제가 더 자주 발생할 가능성이 있다.

수많은 주택 도면을 학습한 인공지능은 사람의 주문에 따라 순식간에 멋진 주택 도면을 그릴 수 있을지 모른다. 수많은 옷 디자인을 학습한 인공지능은 머지않아 순식간에 멋진 옷 디자인을 뽑아낼 것이다. 그것은 마치 주택 설계나 옷 디자인의 전문가가 이번에 유행할 집이나 옷은 이런 스타일이라고 말하는 것과 비슷하다. 그들의 제안은 기존 데이터를 생각하면 옳을 것이다.

하지만 같은 이유로 인해 인공지능에는 한계가 있다. 인공지능은 데이터로부터 배우기 때문에, 데이터를 무시하지 못한다. 인간과의 협업이 없으면, 인공지능은 진정한 혁신을 가져올 수 없으며, 앞서 본 칠면조나 전문가와 비슷한 실수를 저지를 가능성이 크다. 우리가 빛나는 컴퓨터의 외양에 속아서, 미래에는 컴퓨터가 무엇이든지 예측할 수 있으리라 선불리 단정한다면, 우리도 그 칠면조처럼 될지 모른다.

그런데 여기서 중요한 질문이 제기된다. 앞서 살펴본 대로 한계가 있는 건 마찬가지이므로, 인간이든 인공지능이든 과거의 데이터에 기반하여 예측한 내용과는 전혀 다른 상황에 부딪힐 수 있다. 주가가 폭락할 수도, 쇼핑몰이 불에 탈 수도 있다. 멋지지만 이해가 안 되는 책 원고를 만나거나, 왠지 페이스북을 만든 마크 저커버그 같아 보이는 사람이 상상도 안 되는 비즈니스 모델을 들고 와서 투자를 부탁할 수도 있다. 그럴 때 우리는 누가 책임져야 하는 자리에 있기를 원할까?

AI가 어떤 선택을 할지는 분명 그때그때 다를 것이다. AI는 아웃라이어outlier, 즉 특이값을 즉각 무시할 수도 있다. 아무튼 다수의 데이터는 특이값을 무시해도 괜찮다고 말하고 있기 때문이다. 혹은 AI가 단 하나의 특이점 때문에 과감히 자신의 이론을 크게 바꿔서, 상황을 전과 전혀 다르게 해석하기 시작할 수도 있다. 어느 쪽이든 우리는 그 선택을 인간의 뇌가 하기를 바랄 것이다. 갑자기 나타난 사슴을 피하려고 유치원으로 차를 모는 일이 생기기를 바라지는 않기 때문이다. 예측할 수 없는 상황에서 어떤 선택을 할지 모르는 기계를 책임지는 자리에 놓고서는 편히 잠들 수 없다. 결국 돌발 상황, 즉 '블랙 스완'이 나타났을 때, 선택하고 책임져야 할 자리에는 여전히 인간이 앉아 있어야 한다. 설사 그 옆에 AI가 있더라도 말이다.

B. 데이터는 전제되는 이론 없이 존재하지 않는다

양자역학의 선구자 중 하나인 이론물리학자 베르너 하이젠베르크는 자서전《부분과 전체Der Teil und das Ganze》에 아인슈타인과 만났던 일을 기록해두었다. 1926년에 그는 자신이 처음 제안한 이론인 행렬역학에 대해 설명하기 위해 독일의 베를린 대학교를 방문했다. 그곳에서 만난 아인슈타인과의 대화에서, 아인슈타인은 그에게 이렇게 말했다.

> 사람이 무엇을 관찰할 수 있는가를 결정하는 것은 이론입니다.

이 말은 하이젠베르크를 놀라게 했다. 그는 관찰된 것에 의존해서 이론을 만드는 것이 과학적 태도이며, 특히 상대성이론을 만든 아인슈타인의 입장이라고 생각했기 때문이다. 하지만 아인슈타인은 우리가 무언가를 관찰하기 위해서는, 그전에 이미 어떤 이론을 믿고 있어야 한다고 말했던 것이다. 예를 들어 시계를 보고 시간을 알 수 있으려면, 시계가 나에게 시간을 알려주는 방식 자체에는 문제가 없다고 가정해야 한다는 것이다. 우리는 관찰된 결과를 가지고 이론을 만들기 전에 어떤 이론을 가정해야 한다. 그 이론 없이는 관찰 자체가 시작되지 않는다. 그러면 데이터도 없다.

이 대화는 AI가 할 수 있는 일과도 깊은 관련이 있다. 기계학습은 데이터를 바탕으로 이루어진다. 그런데 데이터는 그냥 존재하지도, 중립적이지도 않다. 그것은 어떤 이론, 어떤 가정, 심지어 어떤 형이상학이 있어야 존재할 수 있다.

'무엇이 데이터가 될 수 있는가' 자체가 하나의 이론이자 틀이다. 내일 비가 올지 말지를 결정하는 요인이 오늘의 온도, 습도, 기압 따위라는 생각 자체가 이론인 것이다. 그런 이론 없이 무엇이든지 데이터라고 믿는다면, 인공지능에게 일기예보를 하도록 학습시킬 때 아침에 내가 밥을 먹었는지 빵을 먹었는지도 데이터의 일부로 포함시켜야 할 것이다. 그러므로 인공지능에게 이러저러한 데이터를 기반으로 날씨를 예측하라고 시킬 때, 우리는 이미 날씨에 대한 기초적인 가정이나 이론을 전제하고 있다.

우리가 당연시하는 전제가 이미 데이터 수준에서 AI가 할 수 있는 일을 제한한다.

그런데 우리는 자신이 무엇을 모르는지 자체를 모르는 경우가 많다. 이건 우리가 찾는 물건이 지하실에 있는데, 지하실 자체가 있는지조차 모르고 1층과 2층을 찾고 있는 상황과 같다. 그럴 때 '집을 완전히 뒤졌다'는 말은 실은 '지하실은 없다'는 가정에 근거한 말이 되고 만다. 그런데 우리는 자신이 그런 걸 가정하고 있다는 사실 자체를 모르는 것이다. 이렇게 스스로가 무엇을 당연시하고 있는지 모를 때, 우리는 모든 데이터를 수집할 수 있다는 착각에 빠지곤 한다.

예를 들어 탁자 위에 빵이 놓인 모습을 찍은 사진이 있다고 하자. 우리는 그 사진이 탁자에 대한 모든 정보를 준다고 착각하기 쉽다. 하지만 그렇지 않다. 사실 어떤 탁자에 관련된 정보는 무한하며, 결코 다 제공될 수 없다. 그 사진은 가시광선으로 전달되는 시각적 정보만 주고 있으며, 사진 테두리의 바깥도 보이지 않는다. 탁자가 찍혔다고 생각했던 사진이 실은 텔레비전 화면 속 탁자를 찍은 것일 수도 있으며, 그럴 때 이 탁자 이미지 주변에 무엇이 있는지에 대한 해석은 완전히 달라진다. 게다가 정지 이미지를 담는 사진에는 시간적 정보가 없으며, 그 이미지에 포함된 것에 대한 정보를 전부 가지고 있지도 않다. 탁자 위에 놓인 것이 빵이건, 총이건, 해골이건, 이미지는 그저 이미지일 뿐이다. 그 안에 들어 있는 것을 인식하는 주체는 그걸 보는 사람이다.

암호를 사진으로 찍은 이미지가 있다면, 그게 무엇과 관련된 암호인지 아는 사람에게는 분명한 의미가 있지만 그렇지 않은 사람에게는 낙서일 뿐이다.

'변방 노인의 말'이라는 뜻의 사자성어 '새옹지마塞翁之馬'의 유래 역시, 데이터가 어떤 전제도 없이 그냥 존재한다는 생각이 왜 틀렸는지를 다른 방향에서 보여준다. 그 이야기를 간단하게 살펴보자.

> 변방에 살던 노인이 말 한 마리를 키우고 있었다. 그런데 어느 날 그 말이 도망을 갔다. 그래서 이웃들은 그 노인에게 안된 일이라며 위로했다. 그러나 노인은 앞으로의 일은 모른다며 실망하지 않았다. 얼마 후 도망간 말이 많은 야생마를 이끌고 돌아왔다. 이번에는 이웃들이 그 노인에게 부자가 되어서 좋겠다며 축하해주었다. 그런데 이 노인은 여전히 앞으로의 일은 모른다며 기뻐하지 않았다. 얼마 뒤 노인의 아들이 그 말들 중 한 마리를 타다가 떨어져서 절름발이가 되었다. 다시 이웃들은 노인을 위로했다. 하지만 노인은 또 다시 앞으로의 일은 모른다며 슬퍼하지 않았다. 그리고 얼마 뒤 전쟁이 터졌다. 많은 사람이 병사로 징집되었지만, 노인의 아들은 절름발이라는 이유로 전쟁터로 끌려가지 않아서 오히려 목숨을 건졌다.

인생이란 앞을 알 수 없다는 교훈을 주는 이 이야기를 가만히 살펴보면, 우리는 바둑 같은 게임과 인생 사이에 큰 차이가 있다는 사실을 알게 된다. 바둑에는 시작과 끝이 명확히 있다. 바둑에서 두는 모든 수는 최종적으로 승리를 위한 것이다. 이렇게 바둑은 그 목표와 끝이 분명하기 때문에 좋은 수와 나쁜 수를 이야기할 수 있다. 또 바둑에서는 유한한 수의 바둑돌이 유한한 수의 칸을 지닌 바둑판 위 어디에 놓여 있는지만 알면, 현재 게임의 진행 상황에 대한 모든 것을 안다고 확신할 수 있다. 그러니까 데이터의 형태가 분명한 것이다.

하지만 인생을 포함한 현실적인 문제에서는 그렇지가 않다. AI에게 10살짜리 아이를 어떻게 교육해야 하는지 물어본다고 하자. 그 10살짜리 아이의 교육 목표는 무엇일까? 11살이 되면 좋은 성적을 내는 것? 나중에 좋은 대학교에 들어가는 것? 중년이나 노년이 되었을 때 소득 높은 직업을 갖거나 유명한 사람이 되는 것? 이 모든 건 동일한 목표라고 할 수 없다. 또 지금의 실패가 먼 미래를 위한 자양분이 되기도 한다. 그러니까 질문을 어떻게 던지는가, 어떤 데이터에 근거하는가에 따라, AI는 다르게 답할 수밖에 없다. AI의 능력이 얼마나 대단하건, 질문이 데이터를 결정하고, 데이터가 답을 결정하는 건 변하지 않는다.

우리는 회사를 운영하거나, 투자를 하거나, 큰 프로젝트를 설계할 때도 항상 같은 문제에 맞닥뜨린다. 설사 데이터가 있더라도, 우리가 어떤 경계를 설정하는가에 따라 답이 달라진다. 그리고 인공지능은 스스로 경계를 정할 수 없다. 무한한 보편성의 경지에서 보면, 삶은 부조리하기에 의미가 없으며 열심히 살려는 노력도 헛되다. 중요한 것은 경계고 목적이다. 이것을 설정하지 않으면, 정의나 윤리나 가치에 대해서도 말할 수 없다. 애초에 지렁이 목숨보다 인간 목숨이 더 중요하다고 증명해주는 과학적 근거 따위는 없다.

인간 판사의 엉터리 판결에 분노하고, 인간 국회의원의 나태와 부패를 질타하는 사람들은, 때로 차라리 인공지능이 판결을 하고 법을 만들면 좋겠다고 외친다. 나는 이런 말이 반드시 틀렸다고 생각하지는 않는다. 하지만 정의나 윤리가 수없이 많은 데이터 안에 객관적으로 존재한다는 생각은 틀렸다. 우리에게는 언제나 경계가 필요하다. 다르게 말하면 게임의 설정, 문제의 설정이 필요하다. 그 안에서 평등과 공평과 규칙을 논해야, 옳고 그름을 따질 수 있다. 그리고 그걸 할 수 있는 건 오직 인간뿐이다. 무엇이 좋은지 평가하는 틀에 절대적 기준은 없기 때문이다.

'박스 밖의 생각'이라는 표현이 있다. AI는 데이터에 의존하기 때문에 '박스 안의 생각'에 갇혀 있다. 우리가 경계를 잘 설정하고 게임의 목적을 잘 설명하면, 인공지능은 데이터에 근거해서 우리에게 어떤 답을 줄 것이다. 그 박스가 그리 크지 않고 데이터가 풍부하다면, 인공지능의 답은 인간의 답을 능가할 수도 있다. 컴퓨터는 인간보다 뛰어난 기억력과 빠른 계산 능력이 있기 때문이다. 하지만 인공지능은 박스 안의 생각만을 한다. 그리고 그 박스의 경계를 언제 어디에 놓아야 하는가를 결정하는 것은 여전히 사람이다.

C. 때로는 데이터를 구하기 어렵다

어떤 때는 데이터를 구하기가 힘들거나 불가능하다. 이런 경우 인간의 직관은 AI로 대체되기 어렵다. 물론 인간의 직관이 언제나 옳진 않다. 도서관에 가서 살펴보면, 우리는 사람들이 생각보다 더 자주 바보같이 행동한다는 심리학 책을 아주 쉽게 찾아볼 수 있다. 나도 그런 내용을 담은《마인드 해킹Mind Hacks》이나《비판적인 사상가의 사전The Critical Thinker's Dictionary》같은 제목의 책들을 몇 권이나 가지고 있다. 이 책들이 말하려는 바는, 한마디로 복잡한 현대 사회에서는 인간의 직관이 항상 잘 작동하진 않는다는 것이다.

우리의 직관적인 확률 감각은 방대한 데이터를 다룰 수 있도록 진화하지 않았다. 따라서 합리적인 확률 통계 분석에 근거하지 않고 직관에 따라 판단할 때, 복잡한 현대 사회 속에서 살아가는 우리는 실수를 하게 되며, 때로 그런 실수는 치명적이다. 행동경제학의 창시자이자 노벨 경제학상을 받은 심리학자 대니얼 카너먼도 이 문제를 연구했다. 그가 실험한 결과에 따르면, 인간은 확률 계산에 있어서 매우 무능하며 종종 비이성적인 선택을 한다. 이런 비이성적인 선택이 경제학에 미치는 영향에 대해서 고민하는 분야가 바로 행동경제학이다.

카너먼의 책《생각에 관한 생각Thinking, Fast and Slow》은 인간의 비합리적 행동의 예를 수없이 나열한다. 그런데 인간이 저지르기 쉬운 오류들을 보여주는 이 책을 읽고 나서 우리가 배워야 할 가장 중요한 교훈은, 앞으로 그런 오류를 저지르지 말자는 것이 아니다. 이런 인간의 오류는 타고났기 때문에 쉽사리 고칠 수 없다. 그것은 마치 인간이 시속 100킬로미터로 달릴 수 없고, 개처럼 뛰어난 후각을 가질 수 없는 것과 마찬가지다. 결국 인간의 타고난 한계를 극복하기 위해서, 우리는 수학이나 AI 같은 도구를 이용해야 한다.

하지만 인간의 직관이 오류로 가득 차 있다는 것이, 반드시 AI가 인간의 직관적 판단을 모두 대체할 수 있다는 뜻은 아니다. 인간의 직관은 자주 틀리기 때문에, 필요에 따라서는 확률 분석이나 AI 같은 기술적 해법을 써야 한다. 하지만 AI가 인간의 직관적 능력을 모두 배우고 대체할 수는 없다. 그와 관련된 데이터가 없거나 드물기 때문이다.

인간의 삶은 직관에 크게 의존한다. 《생각이 직관에 묻다Gut Feelings》를 쓴 게르트 기거렌처는 우리의 생각과 달리 인간 지성은 논리 법칙의 인도에 따라 의식적인 행동만을 하는 건 아니라고 말한다. 다시 말해 문자 지식 지능이 인간 지능의 전부가 아니라는 것이다. 우리 지성은 종종 직관에 의존한다. 이 점을 잊는 것은 때때로 우리가 합리적으로 행동하지 못하도록 방해한다. 즉 우리가 자신의 선택을 논리적으로 설명하려는 노력이 오히려 스스로를 바보로 만들고 비효율적으로 행동하게 할 수 있다. 직관이 한 일을 논리가 했다고 여기는 것이나, 무조건 논리적으로 일을 해야 한다는 집착이 오히려 우리의 능력을 감소시킨다. 인간의 직관에는 오류가 있을 수 있다. 하지만 직관은 또한 대체하기 힘든 개인적 체험, 심지어 기계가 배우기 힘든 유전적 과정의 결과이기도 하다.

한 가지 예로 미국의 공항에서 마약 밀수를 단속하는 요원들의 직관에 관해 살펴보자. 다년간 마약 밀수꾼을 검거해온 단속요원은 누군가를 볼 때 그 사람이 마약을 가졌는지 아닌지를 감으로 느끼기도 한다. 자신도 정확히 뭐라 설명할 수는 없지만, 그 사람의 행동에서 어딘가 수상한 점을 느끼는 것이다. 마약 밀수꾼도 마찬가지다. 그들도 딱히 왜 그런지는 말할 수 없지만, 경찰을 쉽게 알아본다. 그것은 경찰이 주변을 둘러보는 태도 때문일 수도, 들고 있는 가방을 확인하는 버릇 때문일 수도 있다. 하지만 그게 무엇인지는 정확하지 않다. 그건 그저 말로 다할 수 없는 '감'이다. 그리고 그 감에 따라 용의자를 수색해보면, 역시나 종종 마약이 발견되곤 하는 것이다. 그런데 그 단속요원이 판사 앞에서 섰을 때는 문제가 발생한다. 판사는 행정당국이 시민을 이유 없이 수색하지 못하도록 막을 의무가 있다. 경찰이 아무나 마음대로 수색하고 나서 자신의 감 때문에 그랬다고 해도 된다면, 그것은 시민에 대한 모독이자 억압일 터이다. 그래서 판사는 수색영장 발부 전에, 단속요원에게 애초에 왜 그 사람을 수색해야 하냐고 물을 수 있다. 단속요원이 이 질문에 그저 감이 그렇다고 대답하면 영장을 받는 데 문제가 생긴다. 영장 없는 수색으로 발견된 범죄 증거는 효력이 없기 때문에, 단속요원은 용의자를 수색해야 하는 논리적인 이유를 꾸며낸다. 사실 솔직하게 말하면 자신도 설명할 수 없는 주관적인 직관으로 용의자가 마약을 가지고 있다고 느낀 것이지만, 그는 뭔가 말이 되는 객관적인 이유를 대야 한다. 나아가 스스로에게도 자신이 그런 논리적인 이유로 수색해야 한다는 판단을 내렸다고 설득해야 한다.

이런 단속요원의 처지는 프로야구 선수와는 매우 다르다. 우리는 야구 선수에게 어떻게 홈런을 쳤는지 물었을 때 제대로 대답하지 못했다고 해서, 그 홈런을 취소시키지는 않는다. 다시 말해 야구 선수는 자신이 왜 이런저런 선택과 행동을 했는가를 설명할 수 없어도, 그 결과만 좋으면 뛰어난 선수로 인정받는다. 설사 '이번에는 발 앞쪽에 좀 더 힘을 빼야 했어' 같은 의식적인 생각이 논리적이라고 해도, 그 생각이 반드시 홈런을 치도록 해주진 못한다. 그러나 단속요원의 경우에는 문제가 좀 더 복잡하다. 감으로 사람들을 수색하는 요원은 판사나 시민으로부터 불신 어린 시선을 받기 쉽다.

이쯤에서 이야기를 AI로 돌려보자. AI는 단속요원의 직관을 배울 수 있을까? 분명 AI는 단속요원이 꾸며낸 이유를 데이터로 삼아서는 안 된다. 그건 그 사람을 단속한 진짜 이유가 아니다. 그런데 단속요원의 직관이라는 게 보편성이 있긴 할까? 다시 말해 두 명의 단속요원이 있을 때, 그 둘의 직관은 같은 것일까? 특정 단속요원에게 사람들의 이미지 데이터를 잔뜩 가져다주고 그 중에서 마약 밀수꾼을 찾아내게 하더라도, 그로부터 직관을 배울 수는 없을 것이다. 이론적으로 말하자면, 그 단속요원의 직관을 배우기 위해서는 그가 과거에 겪은 모든 체험이 필요하다. 그런 데이터는 개인적이고 구하기 쉽지 않다. 아니 곰곰이 생각해 보면 구하는 게 불가능하다. 게다가 사람마다 다른 과거 경험에 기초해서 직관을 행사한다면, 여러 사람의 데이터를 섞어서 인간의 직관을 배우게 하는 경우에도 문제가 생길 수 있다. 그 데이터에서 찾아낼 수 있는 법칙은 여러 사람의 법칙들이 혼합된 것일 테니 말이다.

사람들 하나하나는 개인적 체험의 총합으로 이뤄진 서로 다른 존재다. 그들 각자의 체험은 그것이 개인적이라는 바로 그 이유로 인해 데이터로 남지 않을 뿐만 아니라, 어떤 의미에서는 남기는 게 불가능하다. 특정한 몸을 가진 인간 존재가 특정 상황에서 느낀 경험을 어떻게 데이터로 남길 것인가?

연애나 진로에 대한 상담을 하거나 신입 사원을 뽑을 때, 발달된 AI는 일반론에 근거해서 참고할 만한 정보를 줄 수 있다. 그러나 어떤 사람과 그가 처한 상황에 대해 직관적으로 판단할 때, AI는 인간을 완전히 대체할 수 없을 것이다. AI에게 누군가와 결혼을 할지 말지 물어보는 일은 지금이나 미래에나 바보짓일 것이다. 그건 여전히 개인적 판단으로서, 인간인 당신의 직관에 달려 있다.

데이터가 없어서 AI가 배울 수 없는 일의 또 다른 예는 사회적 협동이다. 인간에 비해 AI가 갖는 한 가지 장점은 이렇다. 일단 하나의 AI가 학습을 마치면, 우리는 그 AI에 담긴 정보를 이용해서 똑같은 AI 프로그램을 얼마든지 만들고 실행시킬 수 있다. 인간의 경우에 한 명의 물리학 박사를 이용해서 순식간에 수천 명의 물리학 박사를 만들어낼 수 없지만, AI는 그게 가능한 것이다.

하지만 사람들이 사회를 이뤄 협동하듯이, AI도 협동을 할 수 있을까? 단순히 생각하면 그럴 수 있다는 대답이 나올 테지만, 좀 더 깊게 생각해보면 그런 AI의 협동이란 정말 별것 아니라는 사실을 알 수 있다. 또한 인간은 자신들이 어떻게 협동하는지를 모르기 때문에, 그 방법을 AI에게 가르쳐줄 수 없다는 것도 알게 된다.

기계의 협동이란 전문가 시스템처럼 다른 분야 간의 분업이나 작업의 분산을 통해 효율을 높이기 위한 병렬처리를 말한다. 인간의 사회적 협동은 이런 것뿐만이 아니다. 대표적인 예로 인간이 사회를 이루게 되면 제기되는 문제 자체가 달라진다. 예를 들어 혼자서 일할 때는 자기 이익의 최대화가 목표였더라도, 공동체 안에서 일할 때는 공공의 이익을 생각하게 되는 것이다. 이렇게 되면 질문 자체, 목표 자체가 달라진다. 협동하기 전과 후의 목적이 동일하지 않은 것이다.

인간의 사회적 협동은 그들이 맺는 사회적 관계들 때문에 복잡해진다. 인간의 몸과 뇌를 지니지 않은 기계의 협동에는 당연히 이런 복잡한 사회적 관계가 없다. 그렇기 때문에 AI 1000대를 모아서 협동을 하더라도, 어떤 획기적인 변화가 일어날 수는 없다. 1000배 빠른 컴퓨터를 가진 AI 1대와 크게 다를 바 없거나, 오히려 그보다 못할 것이다.

인간의 사회적 협동은 태어난 이후의 경험뿐만 아니라, 유전정보로부터도 영향을 받는다. 그러므로 AI가 인간의 협동을 배우려면, 진화적 시간 단위의 경험까지 필요하다.

앞에서 말했듯이 AI는 일단 한번 만들어지면 쉽게 복제된다. 다만 그렇게 복제된 AI들의 집합은 서로 협동할 수 있는 인간 집단과 같지 않다. 그들은 사실상 협동하는 방법을 모른다.

인간은 개인 경험과 진화 과정에서 쌓인 유전정보가 상호작용한 결과물이다. 기호주의 인공지능이 인간 지능을 재현할 수 있다는 생각이 오만이듯 미래에는 인간이 끌어 모은 데이터가 인간 자체를 대체할 수 있으리라는 생각도 오만이다. 사실 AI 패러다임에서 무엇이 무엇을 대체하는가는 핵심이 아니다. 핵심은 서로 연결되어 서로를 이용하는 것이다. AI는 대단한 잠재력을 지니고 있지만, 인간을 대체하는 것이 목적이 아니다.

AI는 뉴턴을 대체할 수 없다

여기서는 하나의 특정한 문제에 대해서 AI가 어떤 한계를 가지는지 종합적으로 다뤄보려 한다. 현실적인 문제를 풀 때, AI의 한계는 대개 한 가지 이유가 아닌 복합적인 이유들로 인해 생긴다. 그러므로 이에 대한 종합과 분석을 통해 AI의 한계를 보다 입체적으로 이해할 수 있을 것이다.

17세기 영국 과학자 아이작 뉴턴은 인류 역사상 가장 위대한 과학자 중 하나다. 그는 현실의 많은 측면, 즉 세상에 대한 무수히 많은 데이터를 매우 간결하고도 뛰어나게 기술할 수 있는 고전역학이라는 형식적 시스템을 만들어냈다. 뉴턴의 중력법칙과 운동법칙을 알면, 이 세상의 너무나 많은 것이 수학적으로 설명된다.

그런데 뉴턴의 시대에 미래에서 온 AI가 있었다고 해보자. 이 AI는 인간을 능가하는 기억력과 감각 센서를 가졌지만, 고전역학 법칙에 대해서는 모른다고 하자. 이 AI가 인간의 도움 없이 자연을 관찰한 데이터들로부터 뉴턴의 운동법칙과 중력법칙을 발견해낼 수 있을까? 튀코 브라헤처럼 천체 위치를 측정하고서 케플러의 법칙을 발견한 뒤 나아가 뉴턴의 운동법칙을 발견해서, 우리가 고전역학이라고 부르는 형식적 시스템을 만들어낼 수 있을까?

불가능하다. 뉴턴의 업적은 천재적이지만, 동시에 인간적이고 역사적인 맥락에 속해 있다. 그는 단순히 데이터 속에 있는 진리를 찾아낸 게 아니다. 먼저 이런 질문을 해보자. 뉴턴은 애초에 왜 천체의 움직임으로부터 그것을 설명하는 중력법칙을 발견한 걸까? 왜 천체에 관한 데이터만 중요시했을까? 망원경의 발달도 한 가지 이유겠지만, 당대의 사람들이 하늘을 중요시한 것은 당연한 일이 아니라 종교적이고 인간적인 선택이었다.

우리가 지구상에 존재하는 두 개의 물체, 예를 들어 모자와 돌멩이를 들고 떨어뜨리면, 그 두 물체는 고전역학과 중력법칙이 말하는 내용과 똑같이 가속하지 않는다. 공기 저항이 있기 때문이다. 다시 말해서 우리의 일상적 경험이 주는 데이터는 고전역학을 지지하지 않는다. 그래서일 것이다. 아리스토텔레스 이래로 뉴턴 이전의 사람들은 무거운 물체가 가벼운 물체보다 더 빨리 떨어진다고 생각했다. 이와 달리 뉴턴을 포함한 당대의 과학자들은 천체의 움직임을 관찰함으로써 법칙을 찾아냈는데, 찾고 보니 그 법칙이 그 외에도 아주 많은 것을 설명할 수 있음을 알게 된 것이다.

미래에서 온 AI의 감각 센서가 너무 뛰어나도 문제다. 뉴턴이 고전역학을 발견할 수 있었던 것은 어떤 의미에서 그가 양자 효과를 관찰할 수 있을 만큼 눈이 좋지 않았기 때문이다. 그 AI가 양자 효과까지 볼 수 있다면, 왜 그걸 무시하고 고전역학을 수립하겠는가? 고전역학은 원자론을 고려하지 않는다. 즉 물질이 마치 균질한 밀가루처럼 질량을 지닌 작은 입자인 질점*으로 이루어져 있다고 생각한다. AI가 세상에 '원자'라는 것이 있고 그런 원자의 세계는 고전역학과 다르게 움직인다는 걸 안다면, 뉴턴의 법칙을 자연법칙이라고 선언할 이유가 없을 것이다.

고전역학에서 사용되는 수학적 표현도 마찬가지다. 뉴턴은 고전역학 시스템을 위해 미적분을 발명했다. 즉 뉴턴은 세상을 기술할 수 있는 간결한 언어를 개발해낸 것이다. 왜 그런 언어를 개발했을까? 왜냐면 뉴턴이 인간이기 때문이다. 뉴턴이 사실상 무한한 기억력을 가진 AI였다면, 자신이 발견한 원리를 '$F=ma$' 같은 한 줄의 수식으로 표현하려고 노력하지 않았을 것이다. 미적분뿐만이 아니다. 뉴턴 이전에 데카르트는 좌표를 도입해서 기하학을 대수학으로 전환했다. AI라면 그런 전환이 반드시 필요하다고 느끼지 않았을 것이다.

뉴턴은 모든 데이터를 차별 없이 보고, 절대적이고 객관적인

---

* 質點. 기하학의 점 개념을 역학에 적용한 것으로, 물체의 크기는 무시하고 질량이 모여 있다고 보는 점이다. 실제로는 물질을 원자보다 더 작게 쪼갤 수는 없으므로, 근사적 개념으로서의 질점은 보통 아주 작은 입자를 가리킨다.

과정을 거쳐서, 모든 의문과 질문을 해결한 끝에 새로운 과학을 만들어낸 게 아니다. 과학의 패러다임은 그런 식으로 바뀌지 않는다. 뉴턴을 포함한 당대의 사람들은 천체에 관한 데이터가 중요하다고 믿었고, 수학적 단순성을 가지는 법칙을 좋아했다. 그렇기 때문에 여전히 풀어야 할 질문이 많음에도 불구하고, 뉴턴이 만들어낸 고전역학 시스템을 받아들였던 것이다.

AI가 인간다워지려면 몸이 필요하다고 말하기도 한다. 그렇다면 AI에게 몸을 주면 같은 일을 해낼 수가 있을까? 인간과 비슷한 몸을 가진 휴머노이드 로봇은 인간처럼 생각하게 될까? 그런데 여기에는 어떤 오해가 따라다닌다. 몸과 마음의 이분법 때문에, 그리고 오늘날에는 마음과 뇌가 거의 같은 것이라고 여겨지기 때문에, 사람들이 인간의 몸을 뇌와 분리해서 생각하는 경향이 있다. 그렇기 때문에 인간의 몸을 가졌지만 뇌는 전자두뇌로 대체된 로봇을 상상하면서, 그런 로봇은 인간다워질 수 있지 않을까 생각하게 되는 것이다.

하지만 AI가 정말로 인간다워지기 위해서 필요한 몸은 인간의 뇌다. 어떤 사람이 손발을 잃어서 의수와 의족을 달고 살아간다 해서, 그가 인간답지 않게 생각하는 건 아니다. 하지만 뇌는 다르다. 인간다워질 가능성이 있는 로봇은 인간의 몸에 전자두뇌를 갖춘 로봇이 아니라, 오히려 설사 몸이 기계일지라도 그 뇌는 인간의 것인 로봇이다. 몸의 핵심이 뇌이기 때문이다. 그런데 이런 경우에 그것을 로봇이라고 불러야 할까? 고전 SF 영화 〈로보캅〉

에서처럼, 우리는 기계와 융합된 인간 뇌를 가진 로봇을 인간으로 취급한다.

여기서 다시 한번 바둑 AI에 관해 생각해보자. 바둑 AI는 인간보다 바둑을 잘 둔다. 하지만 바둑판은 361개의 교차점으로 이루어진 작은 세상이다. 그것을 우리가 사는 자연 세계와 비교할 수는 없다. 게다가 AI가 인간보다 바둑을 더 잘 두는 것은, 바둑을 잘 두는 법을 설명하는 것과 다르다. 즉 인간에게 이해 가능한 간결한 형식적 시스템을 발견하는 건 전혀 다른 문제인 것이다.

챗GPT 같은 거대언어모델이 많은 데이터를 통해 인간의 언어 행동을 상당히 잘 재현한 것은 대단한 일이다. 그러나 이것이 인간 자체에 대한 모사라고, 또한 그 안에 세계에 대한 모델이 존재한다고 여기는 것은 타당하지 않다. 인간이나 세계는 언어보다 훨씬 더 복잡하다. 오픈AI의 챗GPT-3.5 버전은 1750억 개의 변수를 가진다고 한다. 이것은 엄청난 수이지만, 한 인간의 뇌 속에 있는 신경세포들간의 연결은 100조 개에 달한다.

결론적으로 고전역학을 만들어낸 인류의 역사와 뉴턴의 직관력을 생각해볼 때, AI가 인간의 개입 없이 뉴턴의 업적을 이루어낼 수는 없을 것이다. 단순히 AI 학습 모델의 크기를 키우고 컴퓨터의 속도를 높인다고 해서 가능할 일도 아니다.

사실 우리 앞에는 이루어내기만 한다면 뉴턴 이상의 업적이라 할 수 있는 과업이 있다. 그것은 바로 뇌의 작동을 간결하게 묘사할 이론을 만들어내는 일이다. 그런 이론을 세우는 일이 가능하다고 가정해보자. 그럴 경우 우리가 인간과 뇌에 대해서 얻을 수 있는 모든 관찰 데이터를 AI에게 주면, 그 AI는 인간의 도움 없이 뇌과학 분야의 엄청난 진보를 만들어낼 그 이론을 발견해 낼 수 있을까? AI가 뉴턴을 대체할 수 없는 것과 같은 이유로, 그런 일은 불가능하다. AI는 데이터의 어떤 측면이 더 중요한지, 어떤 이론이 바람직한지에 대한 가치 판단을 해줄 인간이 필요하다. 그런 판단 없이 만들어지는 이론은 가치가 없을 것이다.

4장

지능 패러다임

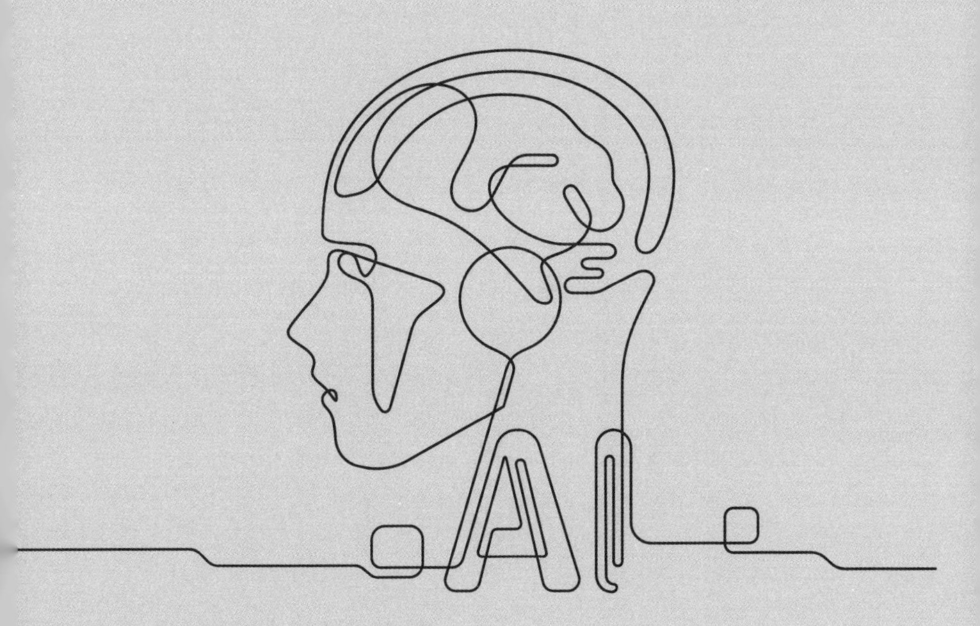

여러 가지 지능

이제 문제 해결을 위한 여러 가지 지능 패러다임을 정리해보자. '지능 패러다임'이란 문제를 해결하는 접근법, 혹은 질문에 대한 답을 찾는 접근법을 말한다. 그렇다면 '인공지능 패러다임'이란 (타고난 지능을 제외한) 인공적으로 만들어진 모든 기술을 써서 문제를 해결하는 접근법이라 할 수 있다. 하지만 대부분의 사람들은 인공지능을 컴퓨터에서 돌아가는 프로그램이나 기계라고 생각한다. 이 때문에 문자를 통해 만들어진 문자 지식 지능을 마치 인간이 타고난 지능처럼 여기는 문제가 생겨나는 것이다. 게다가 '인공지능'이라는 말은 서로 완전히 다른 기호주의 인공지능과 기계학습 인공지능을 구분 없이 포괄한다.

그렇기에 이 책의 도입부에서는 인공지능의 의미가 다소 불분명하게 남아 있을 수밖에 없었다. 그래서 나는 기호주의 인공지능을 설명하면서, 무엇보다 먼저 문자 지식 지능도 인공지능이라고 지적해야 했다. 컴퓨터 없이 문자라는 도구를 써서 만들어지는 인공지능 패러다임인 문자 지식 패러다임은 앞으로도 다른 패러다임의 모범 예가 될 테니, 다시 한번 간단히 소개해보자.

'문자 지식 패러다임'에서 짧은 정보나 지식 혹은 기억하기 어려운 긴 경험은 문자를 통해 기록되고 분석되고 조립되며, 이를 통해 이전에는 불가능하던 더 복잡한 지식을 형성한다. 물론 이런 일을 수행하는 주체는 인간이지만, 문제를 해결하는 것은 바로 이렇게 형성된 지식들이다. 문자 지식 패러다임의 최종 목표는 지식이다. 지식은 우리에게 어떤 질문에 대해 자세한 답을 하거나, 무언가를 해결하기 위한 행동 목록을 준다. 문자 지식 지능으로 자신의 타고난 기억력과 분석력의 한계를 극복한 인간은, 이 목록을 순서대로 실행하여 문제를 해결한다. 예를 들어 빵을 만드는 레시피는 행동 목록이 담긴 하나의 지식이고, 인간은 문자 지식 지능에 따라 그 레시피를 실행함으로써 '빵은 어떻게 만드는가'라는 문제를 해결하는 것이다.

'기호주의 인공지능 패러다임'은 문자 지식 지능을 컴퓨터에 입력함으로써 만들어진다. 컴퓨터 프로그램은 인간 지식을 컴퓨터가 실행할 수 있도록 만든 것이다. 주변 환경과 상호작용하는 기호주의 인공지능도 인간이 입력한 지식에 근거하여 환경적 변화에 대처한다. 물론 컴퓨터는 인간보다 더 기억력이 좋고 실행이 빠르다. 그래서 이것은 컴퓨터를 통한 문자 지식 지능의 확장이라고도 할 수 있다. 인간이 빵을 순서대로 만드는 대신에, 이제는 스위치만 누르면 프로그램이 빵을 만들 수 있다.

'패러다임'이라는 말은 불확실한 경계를 갖는다. 그건 마치 여기저기 솟아오른 산들 사이의 경계가 어디인지 확실치 않은 것과 비슷하다. 물론 '문자 지식 패러다임이 존재하는가'를 염두에 두고 세상을 보면 그것은 또렷이 존재한다. 하지만 우리가 문제를 해결하려 할 때는 대개 문자만이 아니라 다른 많은 도구를 함께 사용하기 때문에, 그 경계가 불확실해지는 것이다. 물론 컴퓨터라는 기계도 문자 문명의 결과물이자 하나의 도구다. 하지만 문자를 쓰는 도구를 전부 문자 지식 패러다임의 일부라고 말하면, 문자 지식 패러다임은 기호주의 인공지능을 포함한 수많은 패러다임을 전부 흡수해버릴 것이다. 컴퓨터는 문제를 해결하는 유달리 유연하고 강력한 도구다. 그래서 컴퓨터의 사용은 문제를 푸는 방식을 매우 크게 바꾸며, 따라서 별도의 정의를 필요로 한다. 특히 AI 패러다임은 더 그렇다. 따라서 기호주의 인공지능이나 AI처럼 컴퓨터를 쓰는 접근법은 문자 지식 패러다임과는 다른 패러다임으로 여기는 편이 적절하다.

문자 지식 패러다임과 기호주의 인공지능 패러다임은 주목할 만한 패러다임 목록의 시작에 불과하다. 이 책에서도 다른 몇 가지 패러다임을 간단히 소개할 것이다. 하지만 그런 소개의 핵심 목표는 각각의 패러다임에 대한 정확한 정의가 아니다. 핵심은 우리가 문제를 해결하는 특정 접근법이 지닌 특성을 주목하고 이해하는 것, 특히 AI 패러다임이 무엇인지를 이해하는 것이다.

오늘날의 과학자들은 당연히 컴퓨터를 쓰고, AI도 쓴다. 그렇다면 과학이 문자 지식 패러다임에 속하는가, 아니면 AI를 쓰는 새로운 패러다임에 속하는가에 대한 혼선이 있을 수 있다. 나는 여기서 과학을 특수한 문자 지식 패러다임으로 정의하고, 그 특성을 설명할 것이다. 하지만 이름은 수단일 뿐이다. 단어의 엄밀한 정의를 끝없이 파고드는 일은 생산적이지 않다. 특히 지금 같은 과도기에는 더욱 그렇다. 누군가가 AI 프로그램 알파폴드로 단백질 접힘 문제를 푼 일이 과학인지 아닌지 논하고 싶어 하는 건 당연하다. 하지만 문제는 영원히 진리로 여겨질 분류 체계를 세워서 그에 따라 대상을 정의하는 게 아니라, 우리가 그런 단어들로부터 무엇을 얻을 수 있는가이다. 어떤 문제 해결책을 패러다임이라고 정의할 때, 우리는 이를 통해 그 방식이 지닌 장단점과 한계는 물론 우리의 사고에 미치는 영향도 알 수 있게 된다.

이 세상에 몇 가지 패러다임이 있어서, 그것이 교육기관에서 사람들의 머릿속으로 똑같이 주입되고 똑같이 실행된다는 생각도 옳지 않다. 개인차는 존재한다. 엄밀히 말하자면 사람마다 문제를 해결하는 접근법은 조금씩 다르다. 다만 사람들이 사회적으로 소통하고 교육기관이 어느 정도 표준화된 방식의 교육을 하므로, 몇몇 패러다임을 분류하는 게 가능할 뿐이다. 원칙적으로는 돈이나 폭력으로 문제를 해결하는 방법도 일종의 지능 패러다임이라 할 수 있다. 이렇게 하나하나의 도구가 우리에게 어떤 사상적 변환을 요구하는가를 분석하는 일도 교육적이고 생산적이다. 마셜 매클루언은《미디어의 이해Understanding Media》에서 그런 일을 하고 있다. 하지만 나는 여기서 가장 파급력이 크다고 생각되는 몇몇 문제 해결 방식만을 언급하고자 하는데, 이는 그 자체로도 의미가 있지만 궁극적으로는 AI 패러다임이 무엇인지를 분명히 하기 위한 것이다.

오늘날 우리는 과학의 시대라고 불러 마땅한 시대를 살고 있다. 그래서 '과학적 문제 해결 패러다임' 혹은 '과학 패러다임'은 각별하게 주목할 가치가 있다. 따라서 다음 절에서는 과학 패러다임에 대해 조금 더 자세히 살펴볼 텐데, 그 특징은 결국 AI 패러다임의 특징을 밝히기 위한 기준이 될 것이다. 우리는 오직 비교를 통해 무언가를 이해하게 되기 때문이다.

앞서 문자 지식 지능도 인공지능이라고 말한 이유는, 단순히 인공지능이라는 단어의 의미를 좀 더 명확히 하기 위해서가 아니다. 그보다는 문자 지식 패러다임이라는 지능 패러다임이 우리 안에서 대개 무의식적으로 작동하고 있다는 점을 지적하기 위해서다. 문자 지식 패러다임을 쓸 때, 우리는 어떤 특징을 지닌 문제 해결 접근법을 쓰고 있다고 의식하지 않는다. 그것이 무의식적으로 작동하기에, 우리는 인공지능을 쓰면서도 쓰고 있다는 걸 인지하지 못하며, 스스로가 사이보그라는 생각은 더더욱 하지 못한다. 이것은 특수한 문자 지식 지능인 과학 지능이 작동할 때도 마찬가지다. 그것은 이미 인간 지능으로 느껴진다. 마치 망치를 든 목수가 그 망치를 자신의 손의 일부로 느끼듯이 말이다.

우리는 자기 안에서 작동하는 지능 패러다임들을 주목하고 의식해야 한다. 나아가 과거를 돌아보면서, 우리 지능이 그 패러다임들에 의해 어떻게 확장되었는지를 살펴볼 필요가 있다. 또한 우리는 각각의 지능 패러다임들이 잘 작동하는 경우와 그렇지 않은 경우를 이해해야 한다. 그래야 새로운 AI 패러다임도 받아들일 수 있을 것이다.

인간은 스스로의 내적 변화에 둔감하다. 그래서 한때 심리학에서 행동주의가 인기를 얻었듯, 세상이 변하는 이유를 관찰하기 쉬운 바깥에서만 찾기 쉽다. 우리는 시간이 흐르면 사람도 변한다는 걸 알면서도, 동시에 어느 정도는 인간이 처음부터 마치 영혼처럼 과거에나 현재에나 미래에나 변하지 않는 무언가를 가지고 있다고 믿는다. 본질적으로는 어제도 오늘도 나는 그저 나고, 인간은 그저 인간이라는 것이다.

이런 착각은 문자 지식 지능이 만들어낸 폐해일 수도 있다. 문자로 기록되면, 그 기록은 계속 변화하지 않고 시간을 초월해서 남기 때문이다. 앞에서 소개한 철학자 드레이퍼스는 서양의 환원주의와 플라톤 철학이 이런 존재론적 편향을 낳았다고 말하지만, 생각해보면 이것은 동양과 서양을 따질 것 없이 문자로 정보를 기록하는 행위에서부터 시작된 게 아닐까 싶다. 지난달에 이웃이 나에게 양을 빌려간 일을 기록해두었는데, 한 달이 지나서 이제는 그 이웃이 이전과 같은 사람이 아니기에 갚을 필요가 없다는 식이라면, 기록에 의미가 없기 때문이다. 그러므로 문자는 세상을 변하지 않는 것들의 집합으로 보는 시각을 강화한다.

이유가 무엇이든 이런 본질에 대한 믿음은 착각을 만들어낸다. 초콜릿을 좋아하는 유치원생에게 무엇이든 할 수 있는 어른이 된다는 건, 초콜릿을 산처럼 쌓아놓고 먹을 수 있는 사람이 된다는 의미로 보일 것이다. 하지만 어린이가 실제로 자라 어른이 되면 전혀 다른 욕망과 제약을 갖게 되기 때문에, 이런 생각은 착각이 된다. 이와 반대되는 착각도 있다. 이미 어른으로 살아가는 사람들은 자신이 어린 시절에 어떤 생각과 욕망을 가졌는지를 잊고, 30년 전에도 지금과 비슷한 생각과 욕망을 가졌으리라 여긴다. 과거가 잊힌 것이다. 이 역시 착각이다. 내적으로 말해서 아이가 어른이 되는 순간은, 아이의 소원이 이뤄지고 아이의 질문에 답이 주어질 때가 아니라, 아이가 어른이 원할 법한 것을 원하게 되고 어른이 던질 법한 질문을 던지게 될 때이다. 다른 문제 해결 패러다임은 우리로 하여금 다른 문제를 풀게 하는 것이다. 이런 내적 변화의 순간, 아이는 비로소 어른으로 살기 시작한다. 전과는 다른 정체성을 가지게 되는 것이다. 그런 뒤에는 자신이 항상 어른이었다는 양 차차 과거의 자신을 잊어간다.

우리는 문명 수준에서도 이러한 착각을 한다. 그래서 어린이와 어른이 내적으로 같은 존재라고 착각하듯, 문명 이전의 수렵채집인부터 지금의 현대인은 물론 AI 같은 기술이 충분히 발전한 미래의 인간까지도 모두 내적으로 비슷한 사고를 하고 비슷한 욕망을 지닌 존재라고 생각한다. 이러한 착각이 계속 유지되면, AI가 발달한 미래는 오지 않을 것이며, AI가 만들어낼 가장 큰 결과를 무시하게 될 것이다. 자신의 내면을 무시하거나 당연시하는 사람은 대개 성장에 실패한다. 지금의 자기 생각을 당연시하기에, 새로운 패러다임을 받아들일 수 없는 것이다. 오늘날 기술 발달의 속도를 고려할 때, 이 때문에 어떤 사회에서 기술 발전이 지체된다면 치명적인 결과로 이어질 수도 있다.

과학 패러다임의 특징

특수한 문자 지식 패러다임으로서 과학 패러다임의 목적은 주어진 관찰 데이터를 잘 묘사하는 간결하고 정확한 법칙을 찾아내는 것이다. 우리가 이러한 형식적 시스템을 만드는 데 성공했을 때, 그 법칙은 우리에게 예측 능력을 주고 서로 동떨어져 보이는 여러 사건을 인과관계로 이어준다. 이것이 과학적 설명 내지 이론이다. 과학법칙 혹은 자연법칙은 이 형식적 시스템의 구성 규칙 혹은 변형 규칙이며, 과학적 설명은 수학에서의 정리 증명에 대응한다.

다른 문자 지식 패러다임이 그렇듯, 과학 패러다임도 작은 정보나 지식들을 조합하여 결과물을 만들어낸다. 문자 지식 패러다임의 생산물이 '지식'이라면, 과학 패러다임의 생산물은 '과학 이론 내지 법칙'이다. 이 둘은 언뜻 보면 비슷해서 구분되지 않기 때문에, 우리는 과학과 인문학의 경계를 명확히 구분하지 못하곤 한다.

과학 패러다임의 가장 큰 특징은 정확한 법칙을 추구한다는 점이다. 그래서 과학 이론은 종종 수학적 표현으로 기술된다. 철학자 칼 포퍼는 검증 가능할 정도의 정확성을 가져야만 과학 이론이라고 부를 수 있다고 말했다. 예컨대 '공이 높게 날아갈 것이다'는 과학적 진술이라고 말할 수 없다. '높다'라는 말은 애매하기 때문이다. '공이 10.5m 높이로 날아갈 것이다'라고 해야 과학적 진술로서 맞는지 틀리는지 검증할 수 있다. 이 문장은 측정 가능한 양을 이야기하고 있기 때문이다.

이는 곧 과학 패러다임은 정확한 데이터가 없으면 별로 쓸모가 없다는 의미이다. 그래서 철학자 화이트헤드는 17세기 과학혁명의 핵심은 분류가 측정으로 바뀐 것이라고 말했다. 과학혁명 시대 이전에 과학은 그저 철학의 일부로서 존재했을 뿐이다. 그때까지는 문제를 해결하는 데 있어서 과학 패러다임이 큰 힘을 발휘할 수 없었다. 그러나 정확하게 측정된 데이터가 늘어나고 수학이 발전하면서, 과학 패러다임이 할 수 있는 일이 늘어나고 과학 이론도 발달했다.

이제 과학 패러다임은 그저 여러 패러다임 중 하나가 아니라, 유일하게 합리적인 문제 해결 방식으로 여겨진다. 사람들은 자신이 어떤 특정한 가정과 특징을 지닌 접근법을 따르고 있다는 생각도 하지 않으면서 과학 패러다임을 사용한다. 이렇게 된 한 가지 이유는 기술이 발달한 오늘날에는 정확한 측정을 하기가 훨씬 더 쉬워졌기 때문이다. 즉 정확한 데이터가 늘어났다. 저울

이 없어서 사람들의 몸무게를 정확히 측정할 수 없을 때, 그들의 몸무게에 대한 과학적 이론은 만들어지지 않는다. 정확한 숫자가 중요하다는 믿음이 없으면, 과학 패러다임은 아무것도 아니다. 과학자는 숫자가 종교적 의미를 가진다고 믿었던 고대 그리스의 피타고라스의 후예들이다.

과학이 성공한 또 한 가지 이유는, 과학이 전제하는 매우 중대한 믿음이 보답을 받았기 때문이다. 말하자면 저 바다 너머에 신대륙이 있다고 근거 없이 믿었는데, 실제로 신대륙을 발견한 셈이다. 그건 바로 데이터 안에 존재하는 법칙 혹은 그 데이터를 설명하는 이론이 존재하며, 그것이 인간이 이해 가능할 정도로 단순하다는 믿음이다. 우리는 인간이 이해할 수 없는 무언가를 과학 이론이라고 부르지 않는다. 그래서 만약 이 우주에 존재하는 원소의 종류가 백여 개가 아니라 10만 개였다면, 원자론은 발달하기 어렵거나 불가능했을 것이다. 이런 경우에는 데이터가 아무리 정확해도 도움이 안 된다. 뉴턴의 중력법칙은 그것이 얼마나 보편적인지를 고려하면 어이가 없을 정도로 단순하다. 그 수식에는 고작 중력상수, 거리, 질량이라는 세 종류의 수만 등장한다. 자연법칙이 주어지면, 우리는 그것을 기반으로 물리 이론을 만들 수 있다. 그러나 그 자연법칙을 발견하고 검증하는 주체는 인간이다. 따라서 모든 자연법칙이 뉴턴의 중력법칙처럼 단순하면서도 많은 것을 설명할 수 있는 형태가 아니라 매우 복잡한 형태를 띠었더라면, 그것을 발견하기 훨씬 어려웠을 것이고 과학도 발전하지 못했을 것이다. 다시 말해 과학 패러다임은 무능했을 것이다. 물론 뉴턴의 중력법칙은 상대성이론으로 대체되었다. 뉴턴의 중력법칙은 초등학생도 알 수 있지만, 상대성이론은 전문가가 아니면 이해하지 못한다. 하지만 일상생활에서 그 차이는 매우 작다. 만약 우리가 처음부터 상대성이론을 발견해야만 하는 상황이었다면, 우리는 아직까지도 상대성이론을 갖지 못했을 가능성이 높다.

예를 들어 개미와 양자역학을 생각해보자. 개미가 노력하면 양자역학을 이해할 수 있을까? 그런데 우주적 범위에서는 개미보다 인간이 훨씬 더 복잡하다는 건 큰 의미가 없다. 그러므로 과학자들이 과학 패러다임을 통해 유용한 법칙들을 찾아낸 것은 당연한 결과라기보다는 도박의 성공이라고 봐야 한다. 정확한 관찰 결과 뒤에는 인간이 이해할 수 있는 간결한 법칙이 존재한다는 믿음은 많은 경우 사실이었다. 이 산에 보물이 있다고 근거 없이 믿으면서 땅을 팠더니, 정말 보물이 있었던 것이다.

인류 역사를 '종교의 시대'와 '과학의 시대'로 양분한다면, 두 시대를 특징짓는 차이는 믿음과 데이터일 것이다. 데이터가 얼마 없고 불확실하던 종교의 시대에, 사람들은 특정한 인간의 영감이 진리를 가르쳐준다는 믿음을 가졌다. 신이 그 인간을 통해 진리를 내려준다고 믿은 것이다. 그러한 영감은 보통 성스러운 책에 기록되어 보존되고, 그 속에 담긴 진리는 시간이 흘러도 변하지 않는다고 여겨졌다. 종교의 시대에 사람들에게 던져진 문제에 대한 해답은 그런 성스러운 책 속에 있었다. 이것이 종교 패러다임이다.

과학의 시대에는 정확한 데이터가 많이 누적되었다. 그리고 사람들은 그 데이터 속에 정확하고 간결한 법칙이 존재한다고 믿었다. 종교의 시대와 마찬가지로 시공간을 초월하는 진리가 존재한다고 여전히 믿었지만, 그 진리는 성스러운 책 속에 이미 기록되어 있는 게 아니라, 우리가 측정하는 데이터 속에서 찾아내야 하고 찾아낼 수 있다는 것이었다. 자연은 진리를 담은 책과 같고, 그 책은 수학이라는 언어로 쓰여 있다. 과학이라는 종교의 신자들은 법칙·이론 중심적이다. 이것이 그들의 성배다.

이러한 과학 패러다임은 반反확률적이다. 즉 우리로 하여금 확률을 싫어하게 만든다. 정확하고 간결한 법칙이 객관적으로 존재하고, 그것이 세상일에 대해 답하고 문제를 해결해줄 거라는 믿음은, 무언가가 확률적이라는 건 곧 측정이 부정확했다는 의미라고 여기게 만든다. 답은 하나고, 미래는 법칙에 의해 결정되어 있기 때문이다. 부정확한 데이터는 과학의 적이다. 실제로 초기의 확률 연구는 별의 위치를 여러 번 측정해서 나온 서로 다른 값들의 오차를 처리하기 위한 것이었다. 인과론을 부분적으로 부정하고 사물에 확률적인 본성이 있다고 말하는 양자역학조차도 그 해석이 확률적일 뿐, 파동함수의 변화를 기술하는 슈뢰딩거 방정식은 확률적이지 않다. 그것은 뉴턴의 운동법칙처럼 미분방정식으로 표현된다.

과학 패러다임 안에서, 사람들은 문제를 해결해주는 건 더 많은 데이터라고 믿는다. 그리고 그 데이터가 결국 우리를 간결하고 이해 가능한 법칙으로 이끌어주리라 믿는다. 이러한 태도는 우리를 오만하게 만들기 쉽다. 영원한 진리를 보고 싶어하고 실제로 발견할 수 있다고 믿는 사람들은, 언제나 그런 진리를 봤다는 환상에 빠지기 쉬운 법이다.

진정한 과학자라면 그런 환상에 빠지지 말아야 한다고 배우지만, 많은 사람은 과학자보다 더 과학 패러다임을 맹신한다. 그래서 모든 일의 배후에는 당연히 간결한 설명이 존재한다고 믿고, 어떤 법칙이나 이론을 받아들일 때 그것이 가능한 모든 상황을 설명해준다고 믿어버린다. 과학자들이 과학 이론을 검증하고 새로운 과학 이론을 발견하는 일을 보람으로 여기는 반면에, 어떤 사람들은 몇몇 이론을 외우고 그것을 맹신하는 게 과학이라고 여긴다. 심지어 정확한 데이터가 없는 경우에도 그렇게 한다. 그들은 과학 패러다임이 모든 일에 답을 줄 수 있다고 믿는다. 그러나 정작 과학적 지식의 첨단에 서 있는 과학자들은 일찍부터 과학 패러다임이 성과를 잘 내지 못하는 분야가 있다는 걸 느껴왔다. 뇌과학이나 경제·사회 분야가 그 예다.

간결한 법칙의 추구는 한 가지 결과로 이어진다. 그건 바로 외부로부터의 영향이 제거되어 있는 고립된 시스템, 즉 고립계를 연구하게 만드는 것이다. 이는 환원주의의 추구로 이어지곤 한다. 그런데 앞에서 말한 뇌과학이나 경제·사회 분야에는 고립계를 고려하는 것이 불가능한 상황들이 있다. 뒤에서 설명하겠지만, AI 패러다임은 고립계와 환원주의로부터 벗어난다는 점에서 과학 패러다임과 두드러지게 다르다. 과학적 시각은 간결한 법칙에 도달하려는 욕망과 그것에 중요한 가치가 있다고 강조하려는 경향 때문에, 그런 법칙이 언제 어디서나 옳다는 보편성을 강조하고 이론적 이해를 위해 설정한 고립계의 바깥을 잊게 만든다.

AI 고립계와 환원주의

오늘날 우리는 인공장기를 만들었다거나 장기를 이식했다는 소식에 익숙하다. 예를 들어 우리는 심장이라는 장기가 몸 안에서 무슨 일을 하는지 알고 있다. 따라서 인공심장을 만들 수도 있는 것이다. 하지만 인공뇌라면 어떨까? 우리가 뇌에 대해서 무엇을 알고 있는가? 어떤 의미에서 인간은 아직도 뇌를 거의 이해하지 못하고 있다.

물론 지구상에는 관찰 가능한 수없이 많은 인간 뇌와 동물 뇌가 있으며, 정밀한 측정기계가 발달한 요즘에는 뇌세포의 구석구석까지 관찰할 수 있다. 그래서 우리는 관찰을 통해 뇌에 대한 많은 데이터를 측정하고 누적시켜왔다. 이를 바탕으로 서로 다른 측정값을 비교하면서, 그들 사이의 상관관계를 말할 수도 있다. 이런 면에서 우리는 뇌에 대해 너무나 많은 걸 안다. 하지만 무조건 관찰 결과들을 쌓아 올린다고 좋은 이론이 만들어지진 않는다. 오히려 이론으로 인해 관찰이 어떤 의미를 갖는지가 결정되기도 한다. 그런데 우리에게는 여전히 뇌에 대한 결정적인 이론이 없다. 뇌의 기본적 기능인 지능과 의식에 대한 전반적 이해와 이론이 없기 때문에, 우리는 각각의 데이터가 얼마나 중요한지도, 무수히 많은 상관관계가 어떤 의미인지도 잘 모른다. 한마디로 우리는 무엇을 측정해야 하는지 모른다.

인간 뇌에는 1천억 개의 뇌세포가 있다고 한다. 하나의 뇌세포는 둥그런 세포체에 수많은 가지가 달린 모양을 하고 있으며, 뇌세포들의 연결을 전기적 모델로 설명하자면 수많은 축전기들이 연결된 것과 같다. 게다가 이런 뇌세포를 하나만 시뮬레이션해봐도, 비선형성을 포함하는 굉장히 복잡한 성질을 띤다는 걸 알게 된다. 그러니까 인공뇌는 고사하고, 인공 뇌세포를 만드는 일도 매우 복잡한 것이다. 또한 인공 뇌세포 하나를 만들었다고 해도, 제대로 만들었는지 알 수도 없다. 우리는 뇌가 어떻게 지능적·정서적 행동을 만들어내는지 모르기 때문에, 뇌세포의 모델이 약간 잘못 만들어졌을 때 어떤 일이 생길지 알 수 없다. 다시 말해 그 약간의 차이가 정말 약간일 뿐인지 말해줄 일반 이론이 없는 것이다. 특정 행위의 정밀도는 어떤 대상과 관련하여 어떤 일을 하는지에 따라 결정된다. 벽에 시계를 걸 때는 못을 대충 박아도 괜찮을 수 있지만, 초정밀기계에 들어갈 부속이라면 아주 작은 오차도 기계 전체를 못 쓰게 만들 수 있다.

오늘날에는 뇌의 신경망에서 영감을 얻었다는 기계학습이 인공지능의 주류가 되었다. 하지만 '인공신경망이 뇌를 흉내 낸다'

는 말은 그 의미가 빈약하다. 아인슈타인과 똑같은 헤어스타일을 하고 똑같은 옷을 입는다 해도 상대성이론을 세울 수 있는 건 아니듯, 우리가 뇌의 어느 부분을 흉내 내었다고 해서 뇌를 충실히 재현했다고 할 수는 없기 때문이다. 다시 한번 말하지만 우리가 뇌를 중대한 부분까지 흉내 내기 위해서는, 뇌 기능에 대한 일반 이론이 있어야 한다. 즉 어떻게 뇌에서 지능이 만들어지는지 지금보다 훨씬 잘 이해해야 한다. 그 전까지는 뇌를 흉내 내었다라는 말이 의미가 없진 않더라도, 기계학습에서 지나치게 강조되어선 안 된다.

과학 패러다임의 모범 예인 물리학으로부터 발전한 방법이 뇌과학에는 통하지 않는다. 뉴턴이 고전역학을 세울 때 우선 상정했던 건, 진공을 날아가는 고립된 작은 질점이었다. 그래서 뉴턴의 운동 제1법칙은 외부에서 힘이 가해지지 않으면 고립된 채 날아가는 물체는 계속 일정한 속도로 움직인다는 '관성의 법칙'이다. 고립계에서는 분석이 용이하고 단순한 법칙을 찾기 쉽다. 그러나 뇌는 이러한 고립계를 상정해서 연구할 수 없다. 각각의 인간 장기를 살펴본다고 해도 전체 인간에 대해 알 수 있는 건 아니듯, 뇌세포 하나하나를 분리하여 연구한다고 해도 뇌 전체가 어떻게 작동하는지는 알 수 없다. 우리는 연결과 관계를 무시할 수 없다.

이를 내가 좋아하는 예를 통해 설명해보자. 공기를 불어 넣으면 토끼 모양으로 부풀어 오르는 고무 풍선이 있다고 해보자. 우리는 그 풍선을 보고서, '여기 토끼 모양 풍선이 있다'고 말할 수 있다. 하지만 이 말은 애매하다. 왜냐면 그 풍선의 모양은 풍선 안의 공기만큼이나 풍선 바깥의 공기에 의해서도 결정되기 때문이다. 그 풍선을 우주 공간의 진공 속으로 가져가면, 더 이상 토끼 모양을 유지하지 못하거나 터져버릴 것이다. 다시 말해 그 풍선은 지표면 가까이 있을 때만 토끼 모양을 띤다. 공기를 이루는 무수한 분자가 풍선의 안쪽과 바깥쪽 표면을 때리면서 동적인 균형을 이루고 있는 것이다. 따라서 풍선의 안쪽 공기만 있고 바깥쪽 공기가 없으면, 더 이상 그 풍선은 토끼 모양이 아니게 된다. 이럴 때 우리가 '여기 토끼 모양 풍선이 있다'고 말하는 것은 무슨 뜻일까? 그 풍선과 풍선 바깥의 세상은 분리 가능한가?

다시 뇌로 돌아가보자. 똑같은 이유로 우리가 뇌세포를 뇌에서 분리해낼 때, 결정적인 무언가를 파괴할 수도 있다. 하나의 뇌세포는 그 주변의 뇌세포와 영향을 주고받기 때문이다. 이 역시 일종의 동적 평형을 이루고 있다고 할 수 있다. 그러니까 뇌세포 하나를 떼어내서 죽지 않은 채로 유지하면서 그 행동을 관찰한 후에 그것을 완벽히 재현하는 인공 뇌세포를 만드는 데 성공한다고 해도, 우리에게는 여전히 질문이 남는다. 겉으로 보기에는 비슷하지만, 그것으로 충분할까? 원숭이에게는 셰익스피어 희곡과 무작위로 나열한 알파벳이 비슷해 보일 것이다. 우리도 그냥 보기에 비슷하다는 데 만족하는 건 아닐까? 뇌 안에서의 뇌세포는 따로 떼어내서 본 뇌세포와 다르지 않을까? 그런 뇌세포가

1천억 개가 모이면 어떻게 될까? AI는 수많은 변수를 가진다. 그 변수값 중의 하나가 AI에 대해 무엇을 말해줄 수 있는가?

이런 점은 뇌세포같이 작은 대상이 아닌, 원숭이 같은 동물을 가지고 실험을 할 때도 경험하게 된다. 실험실의 원숭이는 물리학 교과서에 나오는 고립되어 진공을 나는 입자가 될 수 없다. 그렇게 고립된 원숭이는 정상이 아니기 때문이다. 원숭이 뇌를 주변 영향으로부터 고립시키기 위해 마취시킨다고 해보자. 우리는 이 과정에서 뇌의 가장 중요한 기능 중 하나인 의식을 꺼버린다. 이렇게 의식이 없는 원숭이를 연구하면, 원숭이에 대해 알 수 있을까? 원숭이는 깨어 있을 때 주변에 있는 물건이나 사람에 반응한다. 다시 말해 주변과 분리시킬 수 없다. 그렇다고 주변의 사물이나 대상을 다 치워버리면, 이번에는 부자연스러운 환경이 된다.

이런 경우에는 문제를 부분부분 잘라서 볼 수 없게 된다. 그래서 우리는 매우 복잡한 시스템을 한꺼번에 다룰 수밖에 없다. 전체를 부분의 합으로 이해 가능하다는 환원주의적인 접근이 통하지 않게 되는 것이다. 그리고 이렇게 고립계에서 문제를 다룰 수 없을 때, 과학적 접근은 금세 한계를 드러낸다. 간결한 법칙을 발견할 수 없기 때문이다.

AI 패러다임과 제3의 지식

AI 패러다임도 과학 패러다임과 마찬가지로 그 출발점은 데이터다. 어떤 문제가 있을 때, 우리가 해야 하는 일은 관련된 데이터를 찾는 것이다. 다만 과학 패러다임의 경우, 그 데이터를 분석하는 주체가 인간이며 그 목적이 명확한 법칙의 발견이라는 점이 다를 뿐이다.

이 점에서 AI 패러다임은 처음부터 과학 패러다임과 다르다. AI 패러다임에서는 컴퓨터로 처리 가능한 모든 데이터를 다룰 수 있지만, 과학 패러다임에서는 이론을 만드는 주체가 인간이므로 결국 어느 단계에서는 데이터를 인간이 이해할 수 있는 형식으로 변환해야 한다. 과학에서 데이터는 너무 길고 복잡해선 안 되고, 압축된 이미지 파일처럼 인간이 이해할 수 없는 형식이어도 안 된다. 결국 어떤 단계에서는 인간 뇌를 통과하기 위해 인간이 이해 가능한 형식으로 변형하는 과정, 예를 들어 시각화

같은 과정을 거쳐야 한다. 그래야 인간은 법칙이 될 가능성이 있는 후보인 가설을 만들어낼 수 있다. 인간으로 인해 일종의 정보 병목현상이 일어날 수 있는 것이다. 비교하자면 사람이 세상을 흑백으로밖에 볼 수 없다면, AI는 총천연색으로 볼 수 있는 셈이다. 사람에게 청각만 있다면, AI에게는 시각과 청각과 촉각이 모두 있는 셈이다. 그리고 AI는 이런 인간의 한계로 인한 정보 병목현상이 불러일으키는 편향을 해소할지도 모른다.

과학 패러다임의 도착지는 법칙이나 이론이다. 무언가에 대해서 이론은 없고 그저 산처럼 많은 데이터만 누적되어 있을 때, 우리는 그것을 과학적 설명이라고 부르지 않는다. 그러므로 실제 어느 정도 데이터가 누적되었다고 판단되면, 사람들은 더 많은 데이터를 모으기보다는 그 데이터 안에서 어떤 패턴, 질서, 법칙을 찾으려고 한다. 이때 정확한 데이터를 골라내야 한다. 부정확한 데이터는 오히려 방해만 된다.

그리고 어떤 법칙이나 이론이 될 수 있는 가설을 발견하게 되면, 사람들은 그 가설을 염두에 두고 새로운 데이터를 해석하려고 한다. 새로운 데이터는 과학적 가설을 부정할 수도, 긍정할 수도 있다. 데이터는 이론과 법칙으로 가기 위한 수단이다. 하지만 법칙을 중심으로 사고하는 물리학자는 세상이 어떤 법칙으로부터 연역적으로 풀려 나온다고 보기 쉽다.

AI는 과학 패러다임과는 다른 목표를 지닌다. 나는 그 목표를 '제3의 지식'이라고 부른다. 대부분의 인간은 AI 속 수많은 변수값에 저장되어 있는 이 제3의 지식을 이해할 수 없다. 따라서 그것은 법칙이나 이론이 아니다. 인공지능이 많은 데이터를 써서 말을 하거나, 운전을 하거나, 게임을 한다고 해도, 인간은 어떻게 그럴 수 있는지 이해할 수 없다. 지식의 서로 다른 양태인 인문학과 과학을 구분하듯, AI를 통해 생겨난 이런 지식 역시 또 다른 양태로서 구분해야 한다. 그것은 인간이 영감을 통해 도달하는 지식도 아니고, 법칙처럼 이해 가능하고 논리적인 지식도 아닌, 또 다른 제3의 지식인 것이다. AI 패러다임의 목표는 제3의 지식이며, 이를 통해 문제를 해결한다.

이런 이해할 수 없는 것에 제3의 지식이라는 이름을 붙이고 소중하게 여긴다는 데 누군가는 당황할지도 모르지만, 사실 이것이 역사상 처음 벌어진 일은 아니다. 자연법칙도 한때는 같은 취급을 받았다. 뉴턴이 중력법칙을 발표했을 때, 사람들은 그의 이론이 이해를 포기한다고 비판했다. 뉴턴의 물리학은 자연을 수학적으로 기술할 뿐, 그 법칙이 왜 존재하는지는 설명하지 않기 때문이다. 뉴턴은 중력이 두 물체 사이 거리의 제곱에 반비례한다는 중력법칙을 발견해냈다. 하지만 왜 그런지에 대한 질문에는 답하지 않고 멈췄다. 어떤 의미에서는 뉴턴이 어딘가에 선을 긋고 이해를 멈춘 것이 과학혁명으로 이어졌다고 볼 수도 있다.

뉴턴의 엄청난 천재성이 가장 빛나는 건, 단기간에 미적분을 발명해낸 것 이상으로, 과학 패러다임을 분명히 한 데 있다. 그 내용은 이러하다. '일단 법칙을 찾아내고, 그것에 이름을 붙인 뒤, 왜 그런지는 묻지 마라. 그리고 그냥 그 법칙을 이용하라.' 물론 과학자는 더 궁극적인 법칙을 찾으려고 한다. 통일장 이론은 물리학자의 꿈이다. 하지만 과학 이론은 언제나 어느 지점에서는 이해 없이 출발해야 한다. 자연을 관찰해보니, 왜인지는 모르지만 이런 법칙이 있더라는 식이다. 이는 형식적 시스템 안에는 그것이 이러저러한 규칙을 갖는 이유에 관한 설명은 없는 것과 같다.

이해할 수 없는 제3의 지식도 법칙과 비슷한 상황에 놓여 있다. 과학 패러다임의 결과물인 과학 이론의 누적이 인류 문명을 크게 바꾸었듯이, 제3의 지식의 누적도 같은 역할을 하게 될 가능성이 크다. 그리고 제3의 지식들이 서로 연결되어 더 거대한 시스템으로 발전하게 되리라는 전망 역시 자연스럽다. 즉 지금처럼 그저 하나의 AI 모델이 단독으로 일하는 게 아니라, 각각의 독립적으로 훈련된 AI들이 연결되고 조립되어 더 거대한 시스템을 만드는 것이다.

하지만 과학적 지식과 제3의 지식은 다르다. 과학은 반反확률적이지만, 제3의 지식은 그 본질이 확률적이다. 제3의 지식은 과학법칙처럼 유일하고 배타적으로 존재하지 않는다. 마치 이 세상의 80억 인간이 서로 비슷하면서 다르듯이, 같은 문제를 해결하기 위한 제3의 지식들이라도 과학법칙처럼 서로 완전히 같을 필요는 없다. 완벽한 자율주행 AI가 나온다고 해도 그것은 단지 하나의 AI일 뿐이며, 다른 AI들이 부정되지는 않는다. 표면적으로는 완전히 똑같이 행동하는 듯 보이는 AI들이 내부 변수값을 살펴보면 서로 전혀 다를 수도 있다.

이는 수학공식이 조합되어 거대한 논리의 건축물을 만들 듯, 엄청나게 많은 제3의 지식들이 조립되어 새로운 지식이 만들어지는 건 아니라는 의미이다. 과학 지능을 포함한 문자 지식 지능은 거대한 지식 시스템의 구축이 그 핵심이지만, 그런 능력은 수학공식이 확률적이지 않으며 확실하고 정밀하기 때문에 가능하다.

AI 패러다임은 반反시스템적이고 목적 지향적이다. 그 본질이 확률적인 제3의 지식들을 지나치게 높게 쌓아 올리면, 어딘가에서 오차가 증폭되어 전체 지식이 맞지 않게 될 것이다. 마치 부정확한 부품으로 만든 정밀기계처럼 말이다. AI 패러다임은 작은 이론이나 법칙에서 출발하여 거대한 세계를 설명해 나가는 환원주의적 논리를 따르지 않는다. AI 패러다임은 우리가 던지는 질문에 바로 답을 할 뿐, 어떤 내부적 논리 구조나 인과적인 관계를 제공하지 않는다. AI가 내년 예산이 이러저러해야 한다고 말하더라도, 우리는 그 근거가 무엇인지 이해할 수 없다. 단지 그 AI가 과거에 좋은 성과를 냈는지 아닌지를 확인할 뿐이다. 즉 실적이 좋은가만 보지, 어떻게 그럴 수 있는지는 묻지 않는다. 이는 앞서 AI의 한계를 말하면서 언급했던, 게르트 기거렌처의 인간 직관에 관한 예를 떠올리게 한다. 수색의 근거를 말해야 했던 공항 단속요원은 과학 패러다임과 같다. 하지만 어떻게 그럴 수 있는지는 상관없이 홈런만 잘 치면 훌륭하다고 인정받는 프로야구 선수는 AI 패러다임과 같다.

훨씬 더 많은 데이터를 다룬다는 점을 봐도, AI 패러다임에서 문제 해결의 본질 혹은 지능의 본질이 확률 계산에 있다는 건 분명하다. 언어모델에서는 하나의 단어 뒤에 어떤 단어가 등장할 확률이 어느 정도인지가, 바둑 프로그램에서는 경기에 승리할 확률이 가장 높은 다음 수는 무엇인지가 핵심 과제다. 사실 데이터와 학습 모델 그리고 최적화가 AI의 본질적 특성임을 고려하면, AI와 확률·통계 이론의 거리, 특히 베이지안 확률 이론과의 거리는 매우 가깝고 종종 구분하는 게 무의미해 보이기까지 한다. 추측 과정을 거쳐서 만들어낸 복잡한 예산안이나 확률값은 제3의 지식에 대응한다. 우리가 어떻게 거기에 도달할 수 있는가 하는 논리적 이유보다, 그것이 잘 작동한다는 사실이 더 중요하다.

현대 확률 이론은 '빈도주의 확률'과 '베이지안 확률'로 양분된다. 빈도주의자는 확률을 어떤 시스템에 객관적으로 존재하는 특성이라고 생각한다. 동전의 앞면과 뒷면이 나올 확률은 둘 다 '0.5'라는 식이다. 이런 접근은 최적화에 의지하지 않는 기호주의 인공지능을 떠올리게 한다. 반면에 베이지안 확률의 추종자는 확률 계산을 우리의 무지를 개선해 나가는 과정 혹은 데이터를 써서 확률값들을 최적화해 나가는 과정으로 여기며, 확률은 이 과정의 결과물이라고 생각한다. 이는 AI를 만들기 위해서 사용하는 컴퓨터 최적화 과정과 그 성질이 같다(자세한 내용은 218쪽 "빈도주의 확률"과 226쪽 "베이지안 확률"을 참조하라).

거듭 말하지만, 이름이 본질은 아니다. 그러니까 '나는 인공지능이 너무 싫지만, 통계학자가 수학적으로 내놓은 확률 계산에 근거한 주장은 합리적이므로 믿는다'라는 말은, 더 면밀히 들여다보면 이상한 말일 수 있다. 그 둘이 이름만 서로 다를 뿐, 철학적으로는 정확히 같은 것을 가리킬 수도 있기 때문이다. AI 시대는 확률론의 시대다. 진화론의 시대다. 그 철학이 같기 때문이다.

베이지안 확률은 과학적 사고방식을 지닌 사람들에게 미움을 받았다. 그 결과물을 최적화 과정으로 얻는다는 베이지안 패러다임의 기본 구조 자체가 과학 패러다임과 다르기 때문이다. 추측의 출발점에 해당하는 사전확률prior에 근거가 없다는 혹평을 받기도 했다. 그러나 현실 문제에서 확률을 계산하는 데 빈도주의 확률보다 더 뛰어났기에, 베이지안 확률은 계속 살아남았다. 이는 마치 인간이 제3의 지식에 도달한 AI를 이해할 수 없지만, 어쨌건 문제를 해결하므로 그냥 쓰는 것과 비슷하다.

AI 패러다임과 최적화

AI에서 과학적 가설의 제출과 검증 과정은 최적화 과정으로 대체된다. 과학자가 법칙에 도달하기 위해서는 먼저 인간의 직관을 써서 가설을 도입해야 한다. 우리는 가설이 일단 도입되면 데이터에 기반한 검증을 통해 그것을 긍정하거나 부정할 수 있지만, 가설을 만들어내는 일 자체는 과학이 아니다. 그것은 시나 종교 서적처럼 인간의 영감 내지 직관에 근거해서 세워진다. 가설이 성공적으로 검증되고 나면 본래부터 당연하던 법칙처럼 보이지만, 적어도 대부분의 경우 가설은 논리적으로 만들어지지 않는다. 그러기에는 가능한 가설이 너무 많다.

AI 패러다임은 입력값과 출력값 사이의 관계를 결정하는 변수들을 가진 학습 모델을 사용한다. AI는 이 변수들의 값을 바꾸는 최적화 과정을 통해서 제3의 지식에 도달한다. 나는 이미 여러 차례 AI도 모든 걸 혼자 하는 건 아니라고 강조해왔다. 데이터의 정의, 학습기계 구조의 설계, 어떤 문제를 풀지에 대한 결정 등등 여러 부분에서 인간이 AI의 학습에 관여하는데, 이때 인간의 직관은 다시 중요한 역할을 한다. 하지만 그럼에도 AI에서는 과학적 가설의 제출과 검증 과정이 최적화 과정으로 대체된다는 건 분명 사실이다.

이러한 최적화 과정은 학습기계 구조와 학습 알고리듬의 설계를 포함한다(자세한 내용은 206쪽 "기계는 어떻게 학습을 할 수 있는가?"와 213쪽 "인공신경망이란 무엇인가?"를 참조하라). 여러 층으로 쌓아 올린 인공신경망을 사용하는 딥러닝Deep learning, 사람의 시각 정보 처리를 떠올리게 하는 컨벌루션 신경망Convolution Neural Networks, 거대언어모델에서 널리 사용되는 트랜스포머 네트워크Transformer Network 등은, 다양한 구조의 학습기계를 통해 더 나은 최적화 과정을 구축하고자 했던 공학자의 노력이 성공한 사례이다. 하지만 이러한 성공 사례들은 시행착오의 결과로 만들어졌다. 이 점은 공학자의 업적을 과소평가하게 만들기는커녕 그들의 노력을 더 높게 평가해야 할 이유인 동시에, 우리가 실제로 특정한 문제를 풀기 위한 최적화 전략을 시도할 때 그 결과가 언제나 좋으리라는 보장은 없다는 의미이기도 하다. 그래도 경험의 축적은 의미가 있다. 특정한 구조의 학습기계들이 높게 평가받는 것은, 마치 음악이나 문학의 특정한 형식이 성공적이면 그 형식을 따르는 성공적인 작품이 많이 나오는 것과 비슷하다.

이런 최적화 과정을 보고 있으면, AI는 명백히 진화론이나 자유시장주의의 후손으로 보인다. 어떤 환경에서 특정한 유전자를 가진 종이 진화해서 새로운 종이 탄생하듯이, 혹은 국가가 간섭하지 않고 개인의 자유로운 경제활동을 내버려두면 자연스럽게 수요와 공급이 조절된다는 주장처럼, AI는 최적화 과정을 통해서 점점 문제의 해결책에 접근해가는 것이다.

AI가 인간의 뇌와 이어지고 나아가 생명 자체와 이어지는 측면은 구체적인 해부학적 구조보다는 이런 철학에서 찾아볼 수 있다. AI가 컴퓨터 연산을 통해 도달한 제3의 지식은, 인간 뇌가 자연 속에서 진화 과정을 통해 도달한 지능을 발휘하는 상태와 비슷하다. 물론 인간은 태어난 이후 경험과 교육을 통해서 뇌를 세부 조정하지만, 타고난 능력도 분명히 존재한다. 인간이 진화 과정을 통해 얻게 된 타고난 지능은 물론, 태어난 이후 경험을 통해 교정된 뇌 역시 제3의 지식의 자연판이라 할 수 있다.

제3의 지식은 과학적 의미에서 이해 대상이 아니다. 2023년 영국 케임브리지 대학교의 마이클 와인딩Michael Winding 교수 연구팀은 초파리 애벌레의 뇌 지도를 완성했다. 그 속에는 3016개의 신경세포와 54만 8천 개의 시냅스synapse 연결이 있었다. 시냅스 연결이란 신경세포에서 뻗어 나온 축삭돌기axon와 가지돌기dendrite가 만나는 지점이다. 연구팀이 이 뇌 지도를 완성하는 데는 12년이나 걸렸다. 그런데 이마저도 초파리 애벌레의 뇌를 완벽히 시뮬레이션해냈다는 의미는 아니다. 단지 그 연결 구조를 알아낸 것뿐이다. 초파리도 아닌 초파리 애벌레의 뇌가 이 정도인데, 인간의 뇌는 어떨까? 우리는 뇌과학의 방향을 틀어야 할지 모른다. 뇌 기능의 핵심 부분은 환원주의적으로 이해할 대상이 아니라, 그저 이용할 수 있는 대상으로 보아야 할지도 모르는 것이다. 제3의 지식의 자연판인 뇌를 과학적으로 이해하려는 시도는 패러다임 혼동에 속한다.

서로 다른 패러다임들이 뒤섞일 때, 매우 비효율적인 일이 일어날 수 있다. 종교를 과학적으로 증명하거나, 과학을 종교적으로 이해하는 일이 어렵듯이 말이다. 마찬가지로 제3의 지식을 과학적으로 이해하는 일이 어렵듯, 뉴턴 같은 과학자도 AI가 대체할 수 없다. 그래서 미래에는 과학이 가장 주도적 패러다임은 아닐지 모르지만, 현대에도 종교가 존재하듯 미래에도 과학은 존재할 것이다. 과학 패러다임과 AI 패러다임은 서로 다르기 때문에, 인간 없이 AI만으로 과학 이론을 세우기는 쉽지 않다. 과학 이론은 인간이 이해하기 쉬워야 하기 때문에, AI가 과학 이론을 세우려면 먼저 인간 심리를 재현해야 하는데, 인간 없이 이런 재현을 하는 일은 원래 풀고자 하던 과학 이론 문제보다 더 어려울 수도 있다.

제3의 지식의 사회판도 있다. 인간 사회는 말로 다 표현할 수 없는 무언가를 관행이나 문화의 형태로 세습해왔다. 사람들이 집을 짓거나 옷을 입는 방식에 반드시 명백한 논리적 이유가 있진 않다. 이러한 사회적 최적화 과정을 통해 도달한 문화나 사회적 관행은 사회적 문제 해결 방법, 즉 사회적 지능을 발휘하는 또 다른 제3의 지식이다.

보이지 않는 손이 문제를 해결한다는 자유시장주의는 시장이 지능을 지닌다고 주장해왔다. 하지만 물론 AI의 입장에서 시장을 보면, 그것이 충분한 데이터와 빠른 최적화 과정을 거쳤는지에 대해 의구심을 표하게 될 것이다. 그리고 시장이 돌아가는 게임의 법칙이 무엇인지, 시장이 풀려고 하는 문제가 정확히 무엇인지에 대해서도 질문을 던지게 될 것이다.

이렇게 AI가 등장하기 이전에도, 인간 지능은 이미 문자 지식 지능과는 달리 최적화를 통해 문제를 해결하는 패러다임들을 포함하고 있었다. 그런 지능은 뇌 안에는 물론 사회에도 퍼져 있는 관계들로부터 나오며, 이는 모두 말로 다 설명할 수 없는 것이다. 기호주의 인공지능이 인간 지능을 재현하는 데 분명한 한계가 있었던 이유가 바로 이 점이었을 것이다.

앞에서 언급한 최적화 과정들에 비하면, AI의 최적화 과정은 엄청나게 빠르다. 과거에는 그 과정에 몇 달이 걸렸지만, 컴퓨터의 속도는 점점 빨라지고 있다. 분명 AI 연구자들에게 필요한 시간은 진화나 문명 발달의 기간보다 훨씬 짧다. 게다가 AI가 발견한 제3의 지식은 시간이 지나도 변하지 않는다. 이런 점에 꼭 장점만 있진 않겠지만, 거대한 시스템을 블록 형태로 만드는 데 있어서는 장점으로 작용할 것이다. 전자통신과 컴퓨터 그리고 전자적 기록 매체의 발달은 정보 처리의 속도와 다양성을 혁명적으로 상승시켰다. 이 점은 AI에게도 많은 기대를 하게 만든다.

앞에서 나는 종교와 과학이 서로 다른 믿음에 기초해 있다고 말한 바 있다. 종교가 인간이 영감을 통해서 진리를 발견할 수 있다는 믿음에 기초한다면, 과학은 정확한 데이터를 통해서 인간이 이해 가능한 간결한 법칙에 도달할 수 있다는 믿음에 기초한다. AI 패러다임이 기초하고 있는 믿음은 기본적으로 많은 데이터와 변수의 최적화가 우리를 문제 해결책으로서의 제3의 지식으로 이끈다는 것이다.

역사에서 간결한 법칙의 존재를 믿었던 과학자가 보물을 발견했듯이, AI 연구자는 정말 인류 역사를 바꿀 만한 제3의 지식을 발견하게 될까? 이건 해보지 않고서는 모른다. 얼마나 큰 인공지능 모델과 얼마나 많은 데이터가 있어야 우리의 문제를 해결해줄 대단한 지능이 탄생할지, 여기에 어떤 임계점이 있다면 지금 그로부터 얼마나 멀리 있는지는 미리 알기 어렵다. 어쩌면 우리는 훨씬 더 많은 데이터가 필요할지도 모른다. 어쩌면 우리의 컴퓨터는 훨씬 더 빨라져야 할 수도 있다. 어쩌면 우리의 최적화 방법이 아직은 충분히 좋지 못할 수 있다. 어쩌면 그 임계점이 아주 멀리 있을 수도, 영원히 우리 손에 닿지 않을 수도 있다. 다만 최근 사람들의 관심을 끄는 결과들 때문에, 그 임계점이 매우 가깝거나 이미 넘은 듯하다는 생각이 설득력을 얻고 있다. 인간만이 할 수 있다고 믿어왔던 바둑이나 전략게임을 인간보다 잘하는 AI나, 인간 언어를 상당히 능숙하게 구사할 수 있는 거대언어모델 챗GPT-3.5 같은 AI가 등장하기 시작한 것이다.

게임과 차원의 저주

이제 AI 패러다임에서 과학의 고립계에 대응하는 측면이 무엇인지 대해 살펴보자. 앞에서 설명한 것처럼, 과학 패러다임은 서로 떼어낼 수 없는 많은 요소가 상호작용하는 현실 상황에서 무력하다. 그래서 과학적 접근법이 힘을 잘 발휘할 수 있는 적은 수의 요소만 존재하는 고립계로 자꾸 시선을 돌리게 되는 것이다. 과학자들은 일단 전체를 이해 가능한 작은 부분들로 나누고, 그 부분만을 외부와의 연결 없이 본 뒤, 나중에 작은 부분들을 다시 조립하는 일이 가능하다고 주장한다.

AI 패러다임에서의 게임 또는 형식적 시스템은 과학 패러다임에서의 고립계와 비슷한 의미를 지닌다. AI는 더 많은 데이터가 우리를 문제 해결책으로 이끈다는 믿음에 기초한다. 기본적 규칙이 알려진 게임의 경우, 시뮬레이션에 의해서 관련 데이터를 대량으로 양산할 수 있을 뿐만 아니라, 명확한 규칙이 가능한 상황의 수를 대폭 줄여주기 때문에, 그런 믿음에 맞아떨어진다. 앞에서 형식적 시스템을 설명하면서 체스 게임을 예로 들었듯이, 게임과 형식적 시스템은 실질적으로 같은 말이다. 게임이라는 말이 반드시 오락을 의미할 필요는 없다. 여기서 게임이란 단지 엄밀한 규칙을 가진 시스템이다.

AI 패러다임은 종종 우리가 현실적인 문제라고 부르는 굉장히 많은 요소로 이뤄진 시스템과 관련된 문제를 해결할 수 있는 거의 유일한 방법이다. 물론 이는 반드시 해결책을 제공한다는 게 아니라, 그런 해결책을 찾을 가능성이 있다는 의미이다. 앞에서 말했듯이 기존의 과학적 방법은 이런 문제에서 잘 통하지 않는다. 예를 들어 기호주의 인공지능으로 바둑이나 이미지 인식 같은 문제에 접근하면, 좋은 결과를 얻지 못할 것이다.

그러나 일반적으로는 '차원의 저주'라고 알려진 문제 때문에, AI 패러다임도 다수의 요소로 이뤄진 복잡한 시스템과 관련된 문제를 해결할 수 없기는 마찬가지다. 차원의 저주란 우리가 고려하는 시스템의 차원이 높아질수록 가능한 상황의 수도 지수적으로 증가하는 것을 말한다. 예를 들어 주사위 1개를 던지면 나올 수 있는 경우의 수는 6가지다. 우리는 이를 1차원 상황이라고 부를 수 있다. 이제 3개의 주사위를 던지는 상황, 즉 3차원 상황을 생각해보자. 이때 가능한 경우의 수는 6의 세제곱, 즉 216가지나 된다. 10차원 상황이 되면 경우의 수는 6천만 가지가 넘는다. 그나마 이것도 1개의 주사위가 6가지 경우만 갖는 쉬운 상황이다. 사람들의 월급이나 몸무게 같이 연속적으로 변할 수 있는 양을 다루는 경우,

차원이 증가할수록 상황은 정말 절망적으로 나빠진다. 또 차원이 10차원에 머물 이유도 없다. 100차원, 1000차원으로 계속 높아질 수도 있는 것이다. 1000개의 주사위를 던질 때 경우의 수는 천문학적이 된다. 그럼 1천억 개의 뇌세포는 어떨까?

이렇게 복잡한 상황이라도, 우리가 오랫동안 수없이 관찰한다면 여전히 무언가를 배울 수 있을까? 데이터가 천 개 혹은 만 개가 있다고 할 때, 그것이 많은지 적은지를 따지려면 가능한 결과가 얼마나 되는지를 우선 살펴봐야 한다. 가능한 경우의 수가 2가지밖에 없는 동전이라면 100번만 관찰해도 그 데이터가 충분히 클 수 있지만, 가능한 경우의 수가 100조 가지 정도로 천문학적으로 크다면 1000번 관찰한 데이터로는 아무것도 알 수 없을 것이다.

따라서 우리는 시스템이 크고 복잡하지만, 데이터를 통해 무언가 배울 수 있다고 기대되는 두 가지 경우에 주목하게 된다. 하나는 매우 높은 자유도와 복잡성을 지닌 듯 보이는 시스템이 실제로는 단순한 결과물을 내놓는 경우다. 그러니까 가능한 경우의 수는 엄청나게 많지만 실제 일어나는 상황의 수는 그보다 훨씬 적어서, 데이터를 많이 모으면 차원의 저주를 극복할 수 있다고 기대되는 경우다. 이런 경우 데이터 분석 분야에서는 PCA*

* '주성분 분석Principal Component Analysis'의 약자로, 차원을 축소하는 통계학 기법이다. 변수 간의 상관관계가 있는 다차원 데이터의 주성분을 추출하여 저차원으로 환원시켜 요약하는 방법이다.

같이 차원의 수를 줄이는 기법이 사용되기도 한다. 하지만 일반적으로 기계학습이 가능한지 아닌지는 실제로 해보지 않으면 모른다.

예를 들어 언어에서 단어 수와 문장 길이가 증가하면, 그에 따라 가능한 단어의 조합도 금세 무한대에 가깝게 증가할 것이다. 그렇지만 거대언어모델 AI는 비록 엄청나게 많지만 지수적으로 증가하는 가능성에 비하면 훨씬 적은 수의 데이터를 사용하면, 문법과 의미를 따로 가르치지 않아도 인간 언어를 상당히 훌륭하게 배우는 듯 보인다. 챗GPT가 세계적인 관심을 받았던 이유가 바로 이것이다. 이런 결과는 인간의 언어활동이 생각보다 제한된 구조를 갖는다는 것을 의미한다.

또 하나의 경우는 애초에 가능한 경우의 수를 제한하는 규칙이 있는 시스템, 즉 게임이다. 규칙은 가능한 경우의 수를 크게 줄일 수 있기 때문에, AI의 일을 훨씬 쉽게 만들어준다. 그리고 일단 우리가 세상을 게임 내지 형식적 시스템의 눈으로 보게 되면, 현실 세상이 정확히 규칙에 따르는 건 아니지만 그에 가깝게 움직이는 시스템들로 가득 차 있다는 사실을 쉽게 알 수 있다.

예를 들어 망치나 자동차 같은 도구의 사용도 게임이라고 할 수 있다. 도구 사용에도 규칙이 있기 때문이다. 인공지능에게 로봇의 몸은 도구다. 그리고 인공지능이 일단 인간과 비슷한 로봇의 몸을 움직이는 법을 배우면, 그 도구를 사용하여 인간의 다른 도구를 쓰는 방법도 익힐 수 있다. 사실 자동차를 거리에서 운전하거나 로봇을 공장에서 섬세하게 움직이는 일은, 제한된 자유도를 가진 다른 여러 게임과 비교하면 돌발 상황이 발생할 가능성이 훨씬 크다. 그래서 발전이 쉽지 않다. 하지만 예를 들어 테슬라는 옵티머스라는 휴머노이드 개발을 진행하고 있으며, 2023년에는 이 AI 로봇이 걸어 다니고 드릴을 사용하는 모습을 공개하기도 했다.

자율주행 자동차는 언제 완성될까? 이는 우리가 자동차 운전을 얼마나 엄밀한 규칙을 지닌 게임에 가깝게 만드는가에 크게 달려 있다. 느슨하게 말하면 자동차 운전은 이미 게임이다. 운전자는 도로교통법과 상식을 지키면서 도로를 달린다. 하지만 예기치 못한 돌발 상황이 발생할 수 있다. 예를 들어 앞차가 급정거를 하거나, 차선이 갑자기 없어지거나, 심지어 술 취한 운전자가 차를 몰고 내 차로 돌진해올 수도 있다. 사람들은 여러 돌발 상황을 상상하면서, 이 때문에 자율주행 인공지능은 문제가 있다고 비판하곤 한다.

여기서 우리는 이 상황을 바둑 프로그램 알파고와 비교해볼 필요가 있다. 인공지능이 바둑 세계 챔피언을 이겨서 인간을 능가한 지는 이미 오래되었지만, 이는 바둑이라는 게임이 운전보다 훨씬 엄밀한 규칙을 가졌기 때문이다. 만약 인간이 바둑 규칙을 어기는 반칙을 저지를 수 있다면, 예를 들어 가끔 바둑알을 한 번에 두 개씩 놓는다면, 알파고는 인간을 이길 수 없을 것이다. 그런 가능성을 허용하는 순간, 시뮬레이션으로 데이터를 얻기 힘들어지기 때문이다.

AI가 게임에 강하다는 점을 감안하면, 우리는 도로주행 규칙을 게임에 더 가깝게 강화함으로써 AI 성능을 크게 향상시킬 수 있을 것이다. 그리고 마찬가지로 다른 상황에도 명확한 규칙을 지닌 시스템을 도입함으로써 AI의 성능이 향상되도록 도울 수 있다.

결국 도로교통법을 지켜야 운전을 할 수 있듯이, AI가 발달한 미래에도 인간은 어떤 형식 내지 법칙을 지켜야 한다. 그래야 AI는 빠르게 쓸모 있는 도구가 될 것이다. 그것이 어떤 형식이어야 하는지, 혹은 어떻게 게임을 설계해야 AI가 높은 성능을 발휘하여 사람들에게 유용과 편리를 제공할지는 중요한 연구 주제다.

예를 들어 우리는 언제 완벽한 AI 로봇 웨이터가 등장할지를 질문해서는 안 된다. 그 대신 어떻게 식당 게임을 설계해야, AI가 그 게임 안에서 인간에게 유용하고 편리한 방식으로 웨이터 역할을 수행할 수 있을지를 질문해야 한다. 이때는 인간도 AI처럼 식당 게임의 참가자다. 게임 규칙이 없다면, 완벽한 AI 로봇 웨이터는 영원히 등장하지 않을 것이다. 반면에 훌륭한 식당 게임을 설계한다면, 그 게임은 AI 웨이터 로봇의 성능을 크게 개선시킬 것이다.

여기서 AI 패러다임에서는 우리가 환경을 강하게 의식하게 된다는 점이 분명해진다. 사실 어떤 지능이든 환경과 분리될 수는 없다. 문제가 없으면 답도 있을 수 없다. 우리는 지능에 관해 말할 때, 언제나 그와 관련된 환경을 봐야 한다. 그런데 AI 패러다임에서는 이 점이 보다 분명해진다. 그 환경이 가진 특성이 데이터의 통계적 특성을 결정한다. 만약 인간이 인위적으로 게임 형식을 도입하여 AI를 적용하려고 한다면, AI 패러다임에는 단지 데이터와 학습기계의 최적화뿐만 아니라 그 게임 혹은 전체 시스템의 설계도 포함되어야 한다. 자율주행 AI는 도로교통법을 포함하는 시스템 안에서만 작동한다. 도로교통법의 설계도 AI 패러다임의 일부인 것이다. 이런 의미에서 AI는 어떤 로봇의 머릿속뿐만 아니라, 그 로봇이 작동하는 환경에도 퍼져 있다. AI는 우리가 풀고자 하는 문제 혹은 환경에 대한 답이다. 그 답은 AI가 전제하고 있는 환경이 보편적인 정도만큼만 보편적일 것이며, 때로 더 보편적인 상황은 차원의 저주 때문에 AI의 성능을 급격히 떨어뜨릴 수도 있다.

이는 문제를 해결하기 위해 고립계에 집중하는 물리학, 그리고 물리학 영역 너머에서 물리학적 접근 방식을 택하는 다른 학문들과 크게 대조된다. 물리학은 고립계의 가정 때문에, 자연스레 우리로 하여금 환경을 잊고 법칙에 집중하게 만든다. 그리고 지나칠 정도로 강하게 그 법칙이 보편적이라고 생각하게 만든다. 예를 들어 물리학은 특정한 형이상학적 배경에 대해 배우지 않고도 전개될 수 있다고 믿게 만든다. 또 우리가 발견한 법칙은 시공을 초월해서 모두에게 옳다고 믿게 만든다. 즉 19세기 프랑스에서 발전한 경제학 이론이 천 년 전이나 저 멀리 한국에도 적용된다고 믿게 만든다. 과학 이론에서 그걸 누가 만들었는지, 어떤 데이터에 근거하는지는 2차적인 문제다. 검증을 통과한 과학 이론은 그런 요소와 상관없이 보편적으로 옳다고 믿어지기 때문이다.

반면에 AI 패러다임은 환경을 풀고자 하는 문제의 핵심 요소로 인식하게 만든다. AI에게 가장 중요한 데이터를 환경이 만들어낸다. 제3의 지식에서는 그것이 어떤 데이터에 근거해서 만들어졌는지가 영원히 잊혀선 안 된다. 풀고자 하는 문제 자체를 발생시킨 환경과 배경에 대한 고려 없이는, AI 패러다임도 성립하지 않는다. 그런데도 과학적 관점으로 접근하는 사람들은 이를 종종 잊는다. 마치 깡통 속에 든 AI가 뭐든지 혼자 해결한다는 식으로 생각하는 것이다(환원주의와 관련된 이 문제는 157쪽 "지능과 환경"에서 좀 더 다룰 것이다).

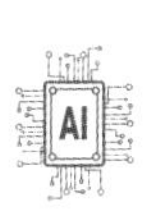

과학적 지식과 제3의 지식의 공존

이처럼 과학 패러다임과 AI 패러다임은 다르다. 그렇다면 각 패러다임의 결과물인 과학적 지식과 제3의 지식 중 어느 쪽이 옳을까? 나는 지금 과학 패러다임을 부정하고, 과학적 지식이 옳지 않다고 말하고 있는 것일까? 과학의 눈으로 볼 때, 이른바 제3의 지식은 어디에 있을까? 결론적으로 말하면 AI 패러다임을 포함한 모든 패러다임은 어느 정도 우리 눈을 가린다. 하나의 패러다임만 보고 있으면, 다른 패러다임과 지식이 존재한다는 사실을 잊게 되는 것이다. 여기서는 과학의 모범 예인 물리학에 대해 살펴보면서, 어떻게 물리학이 우리에게 그런 착각을 하게 만드는지, 물리학의 틀 속에서 제3의 지식은 어디에 있게 되는지를 살펴보자.

물리학은 세상을 결정론적으로 보게 하여, 그 안의 복잡성을 과소평가하고 우리가 모든 것을 알고 있다고 착각하게 만든다. 즉 물리적 법칙이 미래를 결정하는데, 세상의 모든 것은 물질이므로, 물질의 자연법칙을 아는 우리가 세상을 전부 이해하고 있다고 생각하게 만드는 것이다. 이것은 착각이다. 나는 여기서 이 착각의 두 가지 측면을 지적하고 싶다.

첫째로 물리학은 물리법칙들을 늘어놓고는, 이제 미래는 결정되었다고 말하는 듯하다. 이로써 세상일을 다 알게 되었다고 생각하는 것이다. '미래는 왜 예측 불가능한가'라는 질문에 답하려 할 때는 흔히 카오스 이론이나 양자역학이나 3체문제* 등이 언급되지만, 그보다 훨씬 더 기본적인 수준의 착각이 있다.

양자역학도 마찬가지지만, 일단 고전역학을 생각해보자. 고전역학에도 '$F=ma$'로부터 나오는 미분방정식들이 있다. 그리고 그걸 풀면 미래를 예측할 수 있을 듯 보인다. 그런데 그 미래는 문제를 구성하는 초기조건이나 경계조건에 의해서 정해진다. 즉 지금의 상태가 이러하면 미래는 저러하다라고, 또는 주변 물질들이 이러하면 이후에는 저렇게 변화한다고 언제나 예측할 수 있다는 것이다. 예를 들어 하늘을 향해 초속 10미터로 돌을 던지면 중력법칙에 의해 약 1초 후에 상승을 멈추고 떨어진다든지, 지구가 태양 주변을 타원궤도로 돌게 된다든지 하는 식이다.

그런데 물리학은 특정 조건들이 있을 때 미래는 이러저러하다고 예측할 뿐, 왜 지금 그런 조건이 있는지를 말해주지는 않는다. 즉 물리학은 왜 초속 100미터가 아니라 10미터로 돌을 던졌는

---

* Three-body problem. 세 개의 질점 간에 만유인력이 작용할 때 개개의 운동을 구하는 문제를 말한다.

지, 왜 지구가 태양 주변에 있는지를 말해주지 않는 것이다.

인간 뇌와 시계와 컴퓨터는 모두 물질로 이뤄져 있다. 그러니까 그것이 모두 물리법칙에 따라 움직인다는 건 사실이다. 하지만 물리학은 왜 물질이 특정한 방식으로 모여서, 때에 따라 뇌가 되거나 시계가 되거나 컴퓨터가 되는지 말해주지 않는다. 고전역학이건 양자역학이건 마찬가지다.

법칙에만 시선을 두다 보면, 환경의 특성이나 초기조건을 과소평가하여 자신이 아는 것을 과대평가하게 된다. 제3의 지식이라는 정보는 바로 이런 환경의 특수성에 크게 의존한다. 내가 물리법칙을 따라 살게 된다는 보편적 지식도 소중하다. 하지만 그 이상으로 중요한 건 '나는 하필 왜 이렇게 태어났는가'라는 특수한 조건이다. 그게 우리 삶을 지배한다. 물리학 법칙은 지구에서도 화성에서도 옳지만, '왜 지구에는 지적 생명체가 있는가' 같은 질문은 이런 법칙과는 상관없다.

둘째로 물리학은 관찰자가 없는 고립계를 가정함으로써 물리계를 기술하는데, 이는 어디까지나 근삿값에 불과하다. 그것을 너무 진지하게 진리로 여기면, 사람들은 자신이 고립계가 아닌 개방계인 세상을 보고 있다는 것을 잊게 된다.

예를 들어 누군가가 '해리포터' 시리즈 중 한 권이 원자로 이루어진 물질이라는 점을 고려하면서, 이렇게 말했다고 하자. '우리가 이 책을 이루는 원자의 모든 위치를 알면, 물질에 불과한 이 책에 대한 모든 것을 알게 된다.' 그렇지 않다. 고립된 공간에 홀로 존재하는 물질로서의 책은 '해리포터'의 줄거리를 포함하지 않는다. 잉크 분자의 나열이 만들어낸 문자, 그 문자의 배열이 만들어낸 소설을 읽고 의미를 해석해내는 질서는 책을 읽은 우리의 마음속, 즉 관찰자의 마음속에 있다. 원자들은 줄거리에 관한 어떠한 정보도 전달하지 않는다. 그냥 물리법칙을 지키면서 그 위치에 있을 뿐이다. 사실 AI 역시 물질로 된 컴퓨터를 써서 구현된다. 그렇다면 AI의 지능적 행동도 물질을 지배하는 법칙에 의해 설명될 수 있을까? 그렇지 않다. 그것이 지능적인 행동인지는 그 행동을 보는 우리의 마음속에 있다. 마치 '해리포터'의 줄거리와 재미가 물리법칙이 아니라 그 책을 보는 우리 마음속에 있듯이 말이다.

우리가 세상을 이해하기 위해서는 단지 물리학 수준에서뿐만 아니라, 그보다 더 높은 수준에서 세상을 다루는 기술이 필요하다. 지능적으로 행동하거나 언어를 구사하는 기계 역시 물리법칙을 따르지만, 우리는 그런 미세한 물리학적 차원에서 뇌를 시뮬레이션할 수 없고, 할 수 있다 해도 결정적인 정보는 그런 시뮬레이션을 지배하는 물리법칙 안에 있지 않다. 그 정보는 매우 특수한 실험 조건에 있다.

AI나 뇌의 능력도 특정한 환경 안에서 최적화 과정을 통해 도달한 제3의 지식 속에 있다. 물리법칙과는 다른 차원에 있는 것이다. 사실 앞에서도 말했듯이, 이 점은 뇌뿐만 아니라 자동차에 대해서도 마찬가지로 적용된다. 물질이 특정한 형태를 가지고 모여야, 뇌가 되고 자동차가 될 수 있다. 하지만 그 특정한 형태가 왜 존재하는가는 물리학의 영역이 아니다. 그것은 다른 패러다임으로 보았을 때 두드러지는 지식의 영역이다.

5장

AI 시대

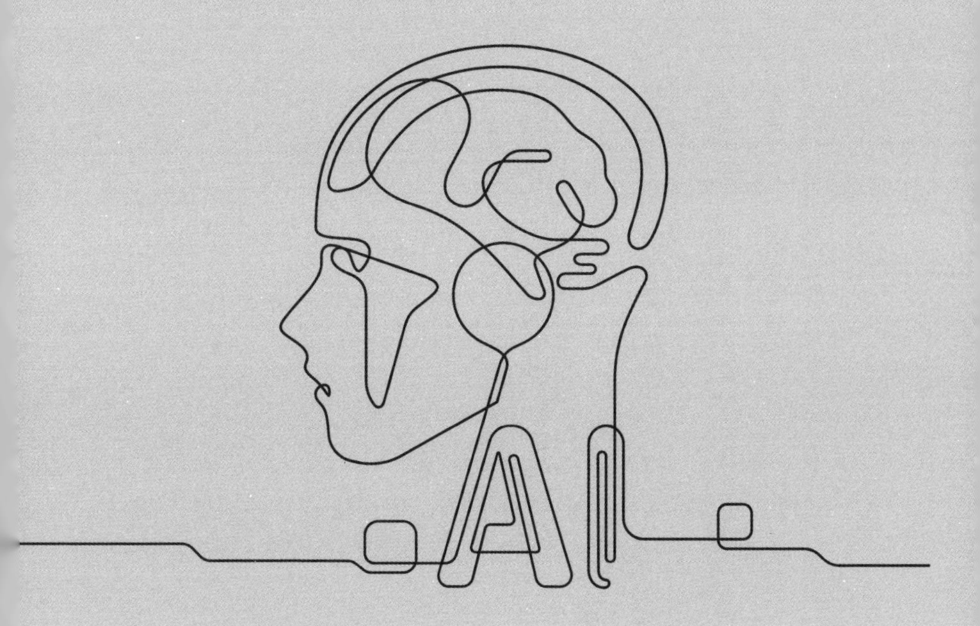

도구를 쓰는 AI

'호모 파베르Homo Faber', 즉 '도구의 인간'은 도구를 사용해서 운명과 환경을 개척하는 인간을 뜻한다. 인간이 인간답게 되는 데 도구의 사용이 그만큼 중요하기 때문에 이런 표현이 생겨났다. 이 때문인지 우리는 종종 동물도 도구를 쓸 수 있는가를 두고 논쟁을 벌이고는 하는데, 만약 사용한다고 보더라도 그건 분명 매우 원시적인 수준에 그칠 것이다. 동물이 운전이나 웹 서핑을 하진 않을 테니 말이다. 인간은 동물과는 비교할 수 없이 복잡한 도구를 사용해서, 우리가 인간답다고 생각하는 일을 한다. 대표적으로 언어도 인간의 도구다. 달에 우주선을 타고 착륙한 일도 당연히 맨몸이 아니라 도구의 힘으로 해냈다. 인간이 인간답다고 할 때, 그것은 전부는 아니라도 적어도 대부분은 도구와 관련된다. 다시 말해 우리가 인간으로서 자부심을 느끼는 이유는, 자신이 도구의 사용자이기 때문이다. 우리가 어떤 직업을 얻을 수 있는지 없는지도, 종종 특정 도구를 쓸 수 있는지 없는지에 달려 있다.

따라서 인간이 사용하기 위해 만든 도구를 쓰는 법을 익힐 수 있는 AI의 등장에는 대단한 의미가 있다. 우리는 개별 AI가 지닌 능력에만 주목하곤 한다. 하지만 도구를 사용하는 능력은 문제해결 능력의 확장이자 지능의 확장이다. 따라서 도구를 쓰는 법을 배우는 AI는 스스로 자신의 지능을 확장한다고 할 수 있다. 이러한 AI는 도구와 도구를 결합하고 도구와 사람들을 연결시킴으로써, 스스로 혹은 인간의 도움을 받아 더 방대한 지능적 시스템을 만들 수 있을 것이다. 이것은 사람만이 할 수 있던 일이다. 이제까지는 자동차가 망치를 쓰는 법을 익힐 수도, 하나의 수학공식이 스스로 더 복잡한 수학공식을 증명할 수도 없었다.

인간의 도구인 AI가 다른 도구를 쓰는 시대는 얼마나 먼 미래일까? 최근의 발전을 보면, 우리는 AI의 역사에서 기념비적인 시대를 살고 있음을 느끼게 된다. 인공지능에 관심이 있는 사람은 2016년 서울에서 구글 딥마인드가 개발한 AI 프로그램 알파고가 프로 바둑 기사 이세돌과의 대결에서 이겼던 사건을 기억할 것이다. 이후 딥마인드는 2017년 알파제로AlphaZero를, 2019년 뮤제로MuZero를 발표했다. 주목할 만한 점은 이제 이런 AI들은 아타리 게임이나 바둑 같은 보드 게임을 인간이 남긴 데이터 없이 학습해서 인간을 능가할 수도 있다는 사실이다. 실제로 인간이 남긴 데이터 없이 학습한 알파제로는 인간 챔피언을 이긴 알파고를 이겼다.

인간이 만든 데이터에 근거하여 학습하건, 아니면 게임 규칙만을 이용해서 학습하건, 오늘날 우리는 어떤 임계점을 넘었다는 느낌을 받는다. AI는 이제 게임하는 법을 배울 수 있다. 2016년 알파고가 바둑 두는 능력을 선보인 일은 시작에 불과했다. 2019년 딥마인드는 온라인 전략게임 '스타크래프트 2'를 인간 수준으로 플레이하는 알파스타AlphaStar를 시연했고, 2022년에는 딥내시DeepNash를 소개하며 인공지능이 보드게임 '스트라테고'를 인간 수준으로 하게 되었다고 발표했다. 다시 말해 현재의 계산 능력과 데이터에 기반했을 때, 적절히 복잡한 구조를 가진 학습 기계를 쓰면, 바둑이나 '스타크래프트 2'나 '스트라테고'처럼 인간만이 할 수 있을 법한 복잡한 게임에서 인간과 같거나 인간을 넘어서는 능력을 보여주는 AI를 만들 수 있다.

64칸의 보드 위에서 하는 체스의 경우, 컴퓨터가 세계 체스 챔피언을 이긴 것은 1997년이었다. 당시 IBM의 딥블루Deep Blue가 인간 챔피언 카스파로프를 이겼을 때, 사람들은 이를 기념비적인 사건이라 생각했다. 복잡한 전략게임에서 컴퓨터가 인간 챔피언을 능가했기 때문이다. 하지만 놀라운 컴퓨터 속도의 증가에도 불구하고, 판 위의 교차점이 361개인 바둑에서 컴퓨터가 세계 정상급 프로 바둑 기사를 이긴 건 19년 뒤인 2016년이었다. 그렇지만 한번 바둑이 정복되고 나자, 이제는 솔직히 인간이 즐기는 게임 중에 AI가 배울 수 없는 게 있을까 하는 생각이 든다. AI 패러다임 안에서 그런 게임의 복잡성이 정복 가능하다는 점은 이미 실증되었다고 할 수 있다.

나아가 다른 소프트웨어를 쓰는 AI로서 거대언어모델의 발달은 더욱 놀랍다. 언어야말로 인간이 쓰는 도구 중에 최고이다. 그런데 AI가 일단 언어를 사용하게 되자, 그 능력으로 다른 소프트웨어들도 쓸 수 있게 되었다. 최근에는 오픈AI의 챗GPT가 외부 프로그램을 플러그인으로 쓰는 기능을 보여주었다. 예를 들어 구글이나 호텔스컴바인 같은 프로그램은 사람들이 필요할 때 사용하는 도구다. 그러니까 무언가 알고 싶으면 구글 검색을 하고, 호텔 예약을 하고 싶으면 호텔스컴바인을 이용할 것이다. 아직 AI가 사람이 쓰는 소프트웨어를 다 쓰고 있지는 않지만, 그런 미래는 그리 머지 않은 장래에 가능해 보인다. 챗GPT는 이렇게 인간을 위해 만들어진 프로그램을 자신도 쓸 수 있음을 보여줬다. 사람이 특정 도구를 사용해서 일하라고 주문하면, 그 도구를 써서 정보를 얻고 일 처리를 하는 모습을 시연해 보인 것이다. AI가 최신 도구라고 해서 무엇이든지 잘한다고 생각해서는 안 된다. 하지만 도구를 사용할 수 있는 AI는 연결을 통해 자신의 능력을 증가시킬 수 있다. 이건 마치 소가 트랙터 운전법을 배워서 밭을 가는 상황과 같다.

챗GPT는 2021년까지 데이터를 사용해서 훈련했기 때문에, 오늘의 날씨 같은 최근 정보에 대한 질문에는 대답하지 못한다고 알려져 있었다. 하지만 챗GPT가 마치 인간처럼 구글에서 정보를 검색해 필요한 정보를 빼낼 수 있다면, 그런 한계는 즉각 극복될 것이다. 챗GPT는 미적분에 약하다고 알려져 있지만, 전문적인 수학 계산 프로그램인 울프럼알파WolframAlpha를 이용한다면 이야기가 달라진다. 챗GPT에게 제주도의 호텔을 찾아 예약하라고 명령하면, 챗GPT는 본래 그런 정보나 기능이 없지만 호텔스컴바인 같은 인간이 쓰는 프로그램으로 관련 정보를 찾아 예약하는 것이 가능하다. 물론 이는 언어를 쓰는 챗GPT가 그 프로그램의 사용법을 배우고 그것이 내놓는 결과물을 이해할 수 있기 때문이다. AI가 도구를 쓰기 시작하면 더 유능해지는 것이다.

챗GPT는 인간이 일상어로 된 규칙을 입력하면, 당장 그 규칙을 지키면서 게임을 할 수 있다. 챗GPT에게 '게임을 해보자, 규칙은 이러저러해. 이제 게임 시작'이라고 말하면, 챗GPT는 그 게임을 시작한다.

예를 들어 '메이크 유즈 오브'라는 웹사이트에 올라온 어떤 글에서는,* 그저 몇십 줄의 규칙을 입력하기만 하면 챗GPT가 텍스트에 기반한 롤플레잉 게임을 플레이한다고 소개하고 있다. 챗GPT가 나온 이래, 이런 프롬프트 코드를 사고 파는 시장은 빠르게 성장하고 있다.

도구를 쓰지 않는 인간의 능력이 제한적이듯, 챗GPT도 그 자

---

* Dreamchild Obari, "How to Use ChatGPT as a Detailed and Interactive Text-Based RPG"(https://www.makeuseof.com/how-to-use-chatgpt-as-an-interactive-rpg/).

체의 능력은 제한적이다. 규칙을 알면 게임을 할 수 있다고 해서, 모든 게임을 다 잘한다는 의미는 아니다. 예를 들어 체스를 둘 수 있다고 해서, 챗GPT가 알파고처럼 인간 챔피언을 이길 수는 없다. 챗GPT는 엄청난 양의 데이터로 훈련된 복잡한 AI이지만, 체스는 그리 잘 두진 못한다. 하지만 도구 사용에 제한이 없다면, 챗GPT는 사람들처럼 체스 전용 프로그램을 이용해서 체스를 둘 수 있다. 이런 어이없이 간단한 방법으로 챗GPT가 강력한 체스 프로그램이 될 수도 있는 것이다. 도구를 사용할 수 있는 AI는 필요한 순간에 자신의 지능을 확장할 수 있다.

도구라고 하면 망치나 자동차 같은 걸 생각하기 쉽다. 물론 그것도 중요한 도구다. 하지만 시야를 넓히면 모든 것을 도구로 볼 수 있다. 예를 들어 슈퍼마켓은 물건을 공급하는 도구다. 그곳에 전화 걸어 물건을 배달시키는 건, 그 도구를 이용하는 한 방법이다. 관공서는 필요한 서류를 발급해주는 도구이고, 여행사는 비행기 티켓을 발급해주거나 여행 계획을 짜주는 도구다. 책이나 수학이나 보드 게임도 일종의 도구다. 그런데 그런 도구를 쓰는 방법을 사전에 프로그래밍하거나 학습시키지 않아도, 필요할 때 그 방법을 익힐 수 있는 AI가 있다면, 그 쓸모는 얼마나 빨리 증가하겠는가?

프로그래머들은 API, 즉 응용 프로그램 인터페이스application program interface를 통해 소프트웨어들 간의 소통을 하게 한다. 예를 들어 기상청이 날씨 정보를 API를 통해 제공하면, 스마트폰

앱이 그 정보를 받아서 날씨를 표시할 수 있다. 물론 프로그래머가 적당한 프로그램을 짠다면 말이다. 발달된 AI는 기존 소프트웨어보다 훨씬 유연하게 사람이나 소프트웨어와 소통할 수 있으므로, 여러 가지 서비스의 통합이 쉽다. 그런 AI가 존재하는 시대에는, 사회적으로 존재하는 모든 서비스와 사람이 일종의 독립적 도구나 소프트웨어로 기능할 수 있다. 예를 들어 마트가 소통에 필요한 프로그램을 어느 정도 갖춰주면, 발달된 AI는 안정적으로 그 프로그램과 소통하여 별도 프로그래밍 없이 마트와 마트 혹은 마트와 소비자를 연결할 수 있을 것이다. 지금 스마트폰에 쓰이는 여러 용도의 애플리케이션을 따로따로 개발하고 있는 사람들에게는 허무할지도 모를 일이다.

철학자 베르그송은 도구를 사용하는 것이 인간의 본질이라고 말했다. 하지만 AI 시대 이전에 도구를 사용하던 인간이 '사이보그 1'이라면, AI까지 도구로 사용하는 인간은 전혀 새로운 종류의 인간, 즉 '사이보그 2'라고 불러야 할 것이다. AI는 이제까지와는 전혀 다른 도구, 즉 도구를 사용하는 도구이기 때문이다.

AI 지능과 환경

과학 패러다임과 비교할 때, AI 패러다임이 갖는 가장 큰 차이점은 연결을 소중히 여기도록 만든다는 것이다. AI 패러다임은 환경의 핵심적 역할을 잊지 않게 한다. 그도 그럴 게 바로 연결들의 최적화가 우리를 해결책으로 이끈다는 것이 AI 패러다임이며, AI 패러다임의 목표인 제3의 지식은 환경의 특징을 압축해서 정리한 것 이상도 이하도 아니기 때문이다.

과학 패러다임, 나아가 문자 지식 패러다임은 지식을 생산한다. 그런데 문제 해결 능력을 갖게 해주는 이 지식은 독점 가능하며, 심지어 독점할수록 더 좋다고 느낄 수도 있다. 정보 독점이 권력의 원천이라는 건 이미 상식이다. 예를 들어 절대군주정 국가에서 단 한 명의 왕이 수많은 사람을 지배할 수 있는 핵심적 이유는, 그 왕만 독점하는 정보가 있다는 점이다. 그래서 예전에는 지도를 만들고 배포하는 식으로 정보를 퍼뜨리는 게 반역죄로 여겨지기도 했다. 국민이 무지할수록, 왕권은 강화된다.

환원주의와 과학 패러다임은 우리로 하여금 환경을 잊게 하고, 우리 스스로를 환경 없이도 존재하는 기계로 보게 하며, 나아가 모든 살아 있는 생명체마저 기계로 여기게 만든다. 또한 남의 것을 빼앗아 독점적으로 소유하는 게 발전이라고 여기게 만든다. 지식이 문제를 해결하므로, 지식을 산처럼 쌓으면 더 많은 능력, 더 뛰어난 지능을 가질 수 있는 것이다. 문자 지식 패러다임 안에서는 아인슈타인 같은 한 명의 뛰어난 인간이 만 명 이상의 가치를 가진 듯 보인다. 다른 만 명은 찾을 수 없는 지식을 그 한 명이 찾을 수 있다면 말이다. 사람들은 돈을 내고 교육기관에 가서 그런 지식을 하나라도 더 삼키려고 안간힘을 쓴다. 그래야 더 인간다운 인간, 더 지능 높은 인간이 될 수 있기 때문이다. 다른 사람과의 연결은 중요하지 않다.

이것은 과학 패러다임의 폐해다. 우리는 관계나 연결로 파악해야 하는 대상을 시공간적으로 고립되어 존재하는 물질로 여기는 실수를 저질러선 안 된다. 그래서는 새로운 시대가 오지 않는다. 자주 이런 실수를 저지르게 되는 대상으로 가치나 생명이 있지만, 지능 역시 마찬가지다. 지능은 환경과는 상관없이 어떤 뇌 혹은 박스가 홀로 지니는 성질이 아니다. 그것은 관계다. 둘러싼 환경을 무시하면서 어떤 물체 혹은 박스가 지능을 지녔다고 말하는 것은, 나눌 수 없는 것을 나눈 뒤 그렇게 나뉜 한쪽이 홀로 존재할 수 있다고 말하는 환원주의의 전형적인 오류다.

앞에서 나는 이미 도로교통법의 설계가 자율주행 AI를 만드는 일의 일부라고 말한 바 있다. AI는 단지 자동으로 운전되는 자동차 안에만 있는 것이 아니다. 인공지능은 어떤 컴퓨터 안이 아닌 시스템 전체에 퍼져 있다. 게임 규칙은 가능한 경우의 수를 줄이고 돌발 상황을 제거한다. 그리고 이럴 때 AI 기술은 더 생산적이게 된다. 예를 들어 일반 도로를 달리는 자동차에 비하면, 정해진 레일 위를 달리는 열차의 자율주행은 훨씬 달성하기 쉬운 목표이다. AI는 더 제한적인 환경에서 더 놀라운 지능을 보이기 때문이다. 인간을 바둑으로 이긴 것처럼 말이다.

최근 사람들을 놀라게 하고 있는 거대언어모델 챗GPT와 관련해서도, 이 점은 지적되어야 한다. 거대언어모델 AI가 인간처럼, 때로는 인간보다 더 잘 답하는 것은 분명 대단한 업적이지만, 그것은 챗GPT가 대화창이라는 형식 안에서 질문을 받고 답하기 때문에 가능하다. 즉 제약이 있기에, AI가 뛰어난 능력을 보여줄 수 있다. 챗GPT가 인간보다 더 똑똑해 보이는 이유는 대화창을 통해서만 당신과 대화하기 때문이다. 챗GPT는 감정을 나타내는 표정도, 목소리의 떨림도 없다. 챗GPT는 당신이 지난달에 한 이야기를 이미 잊었으며, 로봇 몸을 준다고 해도 당장 그걸 조종해서 커피를 끓일 수는 없다. 그리고 중요한 점은 이런 문제를 해결하려고 제약을 없앤다고 해서, 반드시 더 나은 결과가 나오지도 않는다는 것이다. 챗GPT에 눈을 달아준다고 해서, 반드시 더 놀라운 성능을 보이는 건 아니다. AI의 놀라운 힘은 데이터의 양이나 학습 알고리듬 이상으로, 그에 대한 제약에 의해 만들어지기 때문이다. 그래서 인공지능은 제약이 더 많은 틱택토를 바둑보다 훨씬 먼저 정복하여 인간을 능가하게 된 것이다.

지능에 있어서 환경이 중요하다는 점은, 인공지능뿐만 아니라 다른 어떤 지능에게도 마찬가지로 적용된다. 즉 인간 지능에도 적용된다. 우리는 누군가가 지능적이라거나 합리적이라고 말할 때, 언제나 의식적으로든 무의식적으로든 어떤 경계를 가정하고 있다. 우리는 종종 무언가를 의식하지 않으면서 당연시한다. 이런 기본적 믿음 내지 가정에 바탕하지 않은 채, 진정으로 아무 배경도 없이 어떤 지능적 판단을 할 수는 없다. 우리가 지능적 혹은 합리적 행동을 하기 위해서는 이 경계를 인식하고 규정하는 일이 중요하다.

나심 탈레브의 《블랙 스완》에 담긴 이러한 경계를 보여주는 한 가지 예를 살짝 바꿔서 살펴보자. 동전을 10번 던졌는데 모두 앞면이 나왔다고 하자. 이럴 경우 다시 동전을 던졌을 때 뒷면이 나올 확률은 얼마일까? 이에 대해 학교교육만 열심히 받은 순진한 학생은 '1/2'이라고 말할 것이다. 이 전에 동전을 100번 던졌건 1000번 던졌건, 앞면과 뒷면이 나올 확률은 언제나 각각 '1/2'이기 때문이다. 하지만 이런 학생들이 박스 안에 갇혀 있다고 생각하는 도박사는 이렇게 말한다.

> 바보 아냐? 동전을 10번 던져서 다 앞면이 나왔으면, 그건 앞면만 나오게 되어 있는 비정상적인 동전이라는 뜻이지. 그러니까

뒷면이 나올 확률은 '0'이야!

학생과 도박사는 다른 박스 안에서, 다른 경계와 규칙에 따라 생각하고 있다. 다시 말해 다른 게임을 하고 있는 것이다. 학생은 동전의 앞면과 뒷면이 나올 확률은 각각 '1/2'이라는 것을 어길 수 없는 규칙이라고 생각한다. 반면에 도박사는 항상 반드시 그렇지는 않다고 생각한다. 이건 서로 다른 게임이다. 그래서 학생과 도박사는 서로의 지능을 평가할 수 없다. 대칭적인 동전을 10번 던져서 모두 앞면이 나올 확률은 '1/1000'보다 작다. 그럼에도 불구하고 학생이 동전에 대해 지닌 믿음이 옳다면, 학생의 확률 추정도 옳을 것이다. 즉 학생은 지능적이다. 그러나 그런 믿음이 통하지 않는 게임을 하는 도박사의 입장에서 보면, 그 학생에게 지능이 전혀 없는 듯 보인다. 그리고 이 문제는 데이터로 쉽게 판가름 나지 않는다. 다음번에 던진 동전이 또 앞면이 나온다고 해도, 반드시 도박사가 옳다는 뜻은 아니다. 학생도 앞면이 나올 수 있다고 생각하기 때문이다.

인간은 이렇게 서로 다른 게임들이 계속 중첩되는 일상을 살고 있다. 다시 말해서 일상에서는 지금 내가 하고 있는 게임이 축구인지 농구인지가 분명하지 않다. 당신이 공을 손으로 잡으면 안 된다는 규칙을 무한히 신뢰해서 아무도 고의적으로 그러지 않으리라 생각하는 동안, 누군가는 그런 당신을 바보라고 생각할 수도 있다. 당신만 그런 게임을 하고 있다면서 말이다. 예를 들어

당신은 가족이란 서로를 위해서라면 무슨 일이든 해야 한다고 믿고 있을지 모르지만, 사실 다른 가족 구성원은 꼭 그렇게 생각하지 않을 수도 있다. 당신은 마트에서 줄 서는 일은 바보나 하는 짓이라고 생각할지 모르지만, 바로 그런 생각이 질서를 무너뜨리고 모두의 시간을 낭비하게 만들 수 있다. 당신이 다른 게임을 하는 바람에 자신을 포함한 모두에게 손해를 끼치는 것이다.

그래서 지능적 혹은 합리적 판단을 하기 위해, 우리는 어떤 규칙, 어떤 경계 안에서 움직이고 있는지에 대해 끝없이 생각할 필요가 있다. 설사 지금은 적절한 행동 기준을 명확히 알더라도, 그 기준이 언제나 절대적이지는 않으며 변할 수도 있기 때문이다. 또한 우리는 자신이 하고 있는 게임의 모든 규칙을 다 알 수 없다는 점을 기억할 필요도 있다. 자기가 하고 있는 게임에 대한 위화감을 느끼길 멈추고 모든 것을 그저 당연하다고 생각할 때, 우리는 위험에 처하게 된다. 우리가 모르는 사이에 게임 규칙이 바뀌어서, 당연히 지는 게임을 하고 있을 수도 있다. 앞에서 소개했던 바보 같은 칠면조가 될 수도 있는 것이다. 스스로가 처한 상황의 경계에 무관심할 때, 누군가의 눈에는 우리가 지능 따위 없는 바보로 보이게 된다. 혼자서 엉뚱한 게임을 하고 있기 때문이다.

인간의 일을 대신하는 AI도 마찬가지 문제를 맞닥뜨린다. 비록 우리가 잘 정의되지 않는 환경의 모든 특성을 미리 인식하고 규정할 수는 없지만, 그럼에도 AI가 어떤 환경 속에서 작동하는

가를 규정하기 위해 노력해야 한다. 환경에 대한 고민 없이 그냥 데이터만 많이 구한다고 해서, AI가 지능적으로 작동하는 게 아니다. 인간 지능을 논할 때 서로 다른 경계가 누가 지능적인지를 따지기 어렵게 만들듯, AI도 같은 문제에 처할 수 있다. AI가 실수하고 실패할 때, 사실 문제는 AI가 아니라 그 환경일 수도 있는 것이다.

어떤 게임에 AI와 사람이 함께 참여한다고 해보자. 이때 그 게임 안에서는 AI뿐만 아니라 사람도 규칙을 지켜야 한다. 앞에서 말했듯 사람이 바둑 규칙을 지킬 때, 바둑 AI 역시 가능해진다. 물론 현실에서는 사람이 규칙을 어길 수도 있다. 그럴 때 게임은 멈출 것이다. 하지만 그렇다고 규칙은 없다고 상정하고서 AI를 학습시키려 하면, AI의 유용성이 크게 떨어지게 된다. 다시 말해 AI의 지능은 그 게임에 참가하는 참가자의 행동에도 크게 의존한다.

AI를 둘러싼 환경에는 사람뿐만 아니라 도구도 있을 수 있다. 그런데 도구를 쓰는 AI의 지능은 AI 안에 있을까, 아니면 그 AI가 쓰는 도구에 있을까? 이 질문의 의미는 사람에 대해서 던질 때 좀 더 분명해진다. AI에게 로봇 몸은 도구다. 그렇다면 인간 몸은 뇌가 쓰는 도구인가? 나아가, 왜 뇌에서 멈춰야 하는가? 뇌는 전두엽, 측두엽, 시각피질, 감각피질 등등 여러 부분으로 이뤄져 있다. 이것들 또한 도구인가? 이렇게 도구를 계속 치워나가면, 우리는 그 과정의 끝에 모든 도구를 쓰는 인간의 본질적 부분, 즉 인간 지능을 지닌 단 하나의 슈퍼 뇌세포를 발견하게 될까?

그렇지 않다. 이런 생각은 환원주의와 과학 패러다임이 만드는 착각이다. 결국 AI이건 인간이건, 지능이란 시스템 전체, 환경 전체에 퍼져 있는 관계로서 존재한다. 개인과 사회의 변화가 없으면, AI의 발전도 제한적이다. AI 패러다임에서는 이 점이 분명하게 보인다. 지능이란 어떤 박스 안에 들어 있고, 그 바깥의 것들은 그저 지능적인 박스에 의해 사용되는 도구일 뿐인 게 아니다. 각각의 부분들은 한쪽이 한쪽을 일방적으로 사용하는 것이 아니라, 그저 서로서로 연결되고 서로에게 이용당하는 관계다. 서로 융합되는 관계다. 망치를 쓰는 사람은 망치에게 이용당하고 있는 것이다. 인간의 지능적 행동은 뇌뿐만 아니라 심장이나 위장에 의해서도 만들어진다. 인간은 도구를 사용하면서, 그 도구와 융합한다. AI의 경우에는 이러한 도구와의 융합이 보다 자연스러워 보인다. 그냥 전체를 하나의 기계로, 하나의 프로그램으로 볼 수 있기 때문이다.

우리는 환경을 잊은 채 지능을 논해서는 안 된다. 이것은 AI의 위험성과도 연관된다. 사람들은 이런 상상을 한다. '암세포를 없애라'라는 인간의 명령을 받은 AI가 있다고 하자. 그 AI는 어떤 방법을 쓰던 암세포를 없애면 되므로, 인류를 멸종시켜서 암세포를 없애기로 한다. 이 상상은 AI가 위험할 수 있다는 것, 어떤 의미로 아주 능력 있는 멍청이처럼 될 수 있다는 것을 보여준다. 인간의 명령을 인간이 지닌 상식에 기반하여 이해하지 못하고,

경계도 없이 목적을 추구하기 때문이다.

이러한 몰상식한 일은 그 AI가 작동할 환경이 규칙으로서 정해진 게임에서는 일어나기 힘들다. 바둑을 둘 때 AI에게 '대국자를 이겨라'라고 명령한다고 해서, 상대편을 총으로 쏴 죽이는 행동을 할 수는 없다. 게임은 정해진 규칙 안에서 행해져야 하기 때문이다. AI에게 환경을 제공하는 게임 규칙은 AI의 목적이 해석되는 문맥으로서 역할을 한다.

AI 패러다임과 교육

지능을 문제 해결 패러다임의 측면에서 바라보면, 교육은 지능 패러다임들과 그 결과물을 습득하는 과정으로 정의된다. 예를 들어 인문학 지능과 과학 지능을 포함하는 문자 지식 지능을 학생에게 가르치는 것이 우리 시대 교육의 주요 목표이다. 과학 지능을 가르친다는 것은 과학 패러다임과 그 결과물인 과학적 지식을 가르친다는 뜻이다. 중요한 점은 이 과정에서 우리는 지식뿐만 아니라 믿음도 배우게 된다는 것이다. 바로 그러한 패러다임들에 대한 믿음이다.

우리는 한 가지 역사적 사실에 주목할 필요가 있다. 시대를 지배하는 패러다임이 바뀌었을 때, 기존 교육기관은 새로운 패러다임을 가르치는 기관으로 진화하고 변신하지 못했다. 그보다는 기존 교육기관이 없어지거나 매우 약화되면서 새로운 교육기관이 나타났다. 서양에서 교육의 중심이 종교기관에서 대학으로 바뀐 것이 그 예다. 한국에서도 조선 시대의 유학 교육기관이 사라지고 근대 교육을 하는 학교가 생겨났다. 왜 그랬을까? 왜 유학 교육기관은 새로운 학문을 가르치는 교육기관으로 거듭날 수 없었을까? 이는 교육기관이야말로 시대를 지배하는 패러다임의 순수한 형태를 보여주기 때문일 것이다. 따라서 그 기관들은 새로운 패러다임에 가장 취약하다. 그 내부 구조, 그리고 지켜온 가치와 관행이 과거의 패러다임을 너무나 순수하게 반영하는 나머지 새로운 패러다임으로의 전환이 불가능한 것이다.

마찬가지로 지금의 학교도 오늘날의 지식 구조를 반영한다. 종종 대학이 학과 간의 칸막이를 없애야 한다는 주장이 들리지만, 이를 전면적으로 실천하기는 어렵다. 교수들 자체가 전문화되어 있는데, 그것이 가능할까? 전문가에게서 전문성을 빼앗는 일이 쉬울 리 없다. 게다가 그 결과가 꼭 좋으리란 보장도 없다. 절이나 교회에서 과학을 가르치려 드는 식의 현상이 생기기 쉽다. 한 방에 가득 앉아서 교사나 교수가 가르쳐주는 똑같은 지식을 배우는 것, 초등학교부터 대학교까지 지식을 순서대로 익히는 것은, 지식의 보편성과 논리적 혹은 환원주의적 성격 때문이다. 이를 학교가 포기한다는 건 종교 단체가 신앙심을 포기하는 일만큼이나 어렵다.

하지만 모순은 누적되고 있다. 다른 측면에서 말하자면, 이는 현재의 학교가 학생들로 하여금 자신의 문제나 환경을 잊게 만든다는 의미이다. 학교는 지금 여기서 우리가 처한 문제가 무엇인지를 또렷이 인식하는 능력을 무의미해 보이게 만든다. 보편성과 객관성이 중요하다고 가르치면서, 얼마나 먼 곳에 있었을지 모를 타인이 얼마나 오래전인지 모를 과거에 푼 보편적 문제의 답을 외우게 하고 있기 때문이다. 창의력이 강조되는 세상에서도, 엄청나게 쌓아 올려진 지식의 산은 이렇게 말한다. '일단 남들이 만든 지식을 다 배우고 나서, 자신의 문제를 보고 창의력을 발휘하라. 그래야만 발언할 권리를 가질 수 있다.'

유학을 가르치던 서당이나 서원이 제공하는 교육은, 시대가 바뀌자 아무 쓸모 없다고 혹은 적어도 매우 효율이 떨어진다고 느껴지게 되었다. 사실 세상은 변해가고 있는데 조선 초의 교육과 조선 말의 교육에 큰 차이가 없었으니, 이렇게 느껴도 이상한 일은 아니다. 그들은 수천 년 전 공자가 남긴 말을 배우고 있었기 때문이다.

그런데 이는 과거의 일만은 아니다. 조선 시대의 서원이 낡은 지식을 가르쳤다고 비판하기는 쉽지만, 지금의 학교와 대학도 사실 크게 다를 바 없다. 지금의 학교 역시 반세기 전과 거의 같은 커리큘럼을 가진다. 반세기 전에는 고등학교 때 미적분을 배우다가, 요즘은 초등학교에서 미적분을 배우는 식으로 변하지도 않았다. 인간의 타고난 능력은 예나 지금이나 비슷하고 누구나 아무 지식도 없이 태어나기 때문에, 공부 역시 처음부터 해야 한다. 그렇기에 초등교육과 중등교육의 핵심적 교육 수준은 예나 지금이나 비슷하다. 세상이 엄청 달라졌다 해도 말이다. 결국 차이는 사람들이 교육을 받는 기간이 점점 늘어났다는 점뿐이다.

현대 교육의 정점이라고 할 만한 대학마저 위기에 처해 있다는 말은 이미 오래전부터 들려왔다. 2007년《교육의 종말Education's End》을 쓴 앤서니 크론먼은 본질적으로 지식이 점점 쌓이고 전문화가 진행되면서 대학의 위기가 발생했다고 말한다. 교수들은 모두 앤소니 크론먼이 "학술연구적 이상"이라고 부른 과업에 빠져들었다. 논문을 써야 살아남는 학계에서, 교수들은 점점 더 거대한 지식 체계에 전문화된 작은 지식을 더하려 매진한다. 그러면서 삶의 의미를 생각하거나 가르치는 교육 따위는 사라져버렸다. 학술연구적 이상이란 이렇게 논문을 계속 써서 거대한 지식 체계를 확장해가는 것을 말한다. 하지만 이러면 결국 문자 지식 패러다임이 생산하는 결과물인 지식을 계속 쌓아 올리기만 할 뿐, 그 지식의 효율성은 점점 떨어지게 된다. 선배들이 쌓아 올린 지식 덕분에 새로운 세대의 학생은 더 세분화된 지식을 더 많이 배워야 한다.

지식은 너무 많으면 쓸모없어진다. 어떤 현실적 질문, 예를 들어 '댐을 지어야 하는가', '원자력발전소에 찬성해야 하는가' 같은 질문에 답해야 할 때, 당연히 우리에게는 다양한 시각의 종합이 필요하다. 그런데 모두가 너무 전문화되고 나면, 누구도 폭넓은 지식을 가질 수가 없기 때문에 문제 해결에 도움이 안 된다. 전문가의 시야가 너무 좁아지는 것이다. 이제 대학은 삶의 의미를 가르쳐주는 게 아닌 그저 지식을 파는 기관이 되었는데, 세상에는 그 지식이란 게 너무 많아서 학부에서 4년 동안 배울 수 있는 지식의 가치는 점점 떨어진다.

2015년 《직업의 종말The End of Jobs》을 쓴 테일러 피터슨이 직업의 시대가 끝나간다고 말한 이유는 AI 때문이 아니다. 지식이 너무 흔해졌고, 인도, 중국, 베트남 같은 나라에 있는 대학들이 대졸자를 쏟아내고 있기 때문이다. 요즘같이 노동 분업이 쉬운 시대에 전 세계에서 양산되는 대졸자를 고려할 때, 이제 대학을 졸업하고 취직해서 평생 그 일을 하면서 살겠다는 과거의 생각은 통하지 않게 되었다는 것이다. 이것이 오늘날 교육기관의 현실이다.

미래는 빠르게 오고 있는 듯 보이지만, 사실 아직 우리에게 도달하지 않았다. 과연 미래에는 AI 패러다임이 주류가 되고, AI 패러다임과 그 결과물인 제3의 지식을 가르치는 새로운 기관이 나타나서 현재의 교육기관을 대체하게 될까? 그리고 지금의 대학들은 계속 존재하더라도, 오늘날의 교회나 절처럼 되어버릴 것인가? 그럴 수도 있다. 그렇지만 단언하기에는 아직 모두가 배워야 할 제3의 지식이 그렇게 누적된 것 같지는 않다. 앞으로 그런 미래가 온다 해도, 지금은 과도기다.

하지만 오늘날 사람들은 그 과도기가 엄청 짧으리라고 예측한다. 요즘은 과거보다 세상이 훨씬 빨리 변하기 때문이다. 만약 우리가 AI 시대를 눈앞에 두고 있다면, 미래 교육은 AI 패러다임을 배우는 일이 되어야 할 것이다. 이 점을 이해하고 믿어야 그 시대에 맞게 살 수 있다. 그러지 못할 때 우리의 교육은 이미 과학의 시대가 왔는데도 종교기관이나 서당에서 낡은 학문을 배우는 꼴이 되어버릴 수 있다. 쓸 일 없는 지식을 오래 배우는 동안에, 오히려 시대와 맞지 않는 사람이 되어버릴 수도 있다.

인본주의 시대를 살아온 우리는 교육을 시민의 권리이자 의무로 여긴다. 이를 지능 패러다임의 언어로 다시 말하자면, 오늘날의 국가 공동체는 제대로 된 시민이 되려면 최소한의 문자 지식 지능은 갖춰야 한다고 말하고 있는 것이다. 민주국가는 시민 모두가 지능이 떨어지는 존재일 때 유지될 수 없다. 그래서 교육이 시민의 권리이자 의무가 된 것이다. 그런데 AI 패러다임의 입장에서 이런 논리를 보면, 다른 의미가 발견된다. AI 패러다임은 우리에게 AI 지능을 준다. 따라서 미래 사회에 시민은 AI 지능을 갖출 권리와 의무를 갖게 될 것이다. 이는 시민이 교육기관에 가서 이를 공부해야 한다는 의미인 동시에, AI의 사회적 인프라를 확충해서 모든 시민에게 제공해야 한다는 의미이기도 하다.

AI 패러다임을 배운다는 건 그런 방식으로 개인적·사회적 문제들에 접근하게 된다는 뜻일 뿐만 아니라, 그런 접근법의 결과물인 AI를 사용할 수 있게 된다는 의미이다. 지하철이 없다면, 지하철 사용법도 무의미하다. 만약 사회적으로 AI의 사용이 소수에게만 제공되고 다른 사람들은 그로부터 배제된다면, 심각한 문제들을 낳게 될 것이다. 예컨대 사회적 비용 상승과 인권 침해의 문제가 발생할 것이다. 만약 교육비를 엄청나게 올려서, 가난한 사람은 초등학교도 갈 수 없게 만든다면 어떻게 될까? 그 사람들이 나중에 살아갈 방법이 없게 되며, 그로 인해 사회문제가 일어나고 사회적 비용이 커질 것이다. 그래서 오늘날 교육이 권리이자 의무인 것이다. 이런 사회적 비용을 제외하고라도, 인권 문제가 남는다. 이는 어떤 사람이 돈 때문에 기본적인 교육도 못 받고 문맹으로 살아가게 만들기 때문이다. AI 교육에도 같은 측면이 있다.

AI에 대한 독점은 누군가가 사이보그 2로 사는 동안, 다른 누군가는 계속 사이보그 1로 남아 있게 만들 것이다. 이는 누군가가 문명인으로 사는 동안, 다른 누군가는 수렵채집인으로 살도록 남겨지는 것과 같다. 당연히 양쪽의 생산성은 비교가 안 되며, 뒤에 남겨진 사람들은 비극을 겪기 쉽다. 결론적으로 말해서 AI 시대의 교육은 AI 인프라를 공적으로 갖추고, 그 인프라를 사람들에게 무료로 공급하는 걸 포함해야 한다. 의무교육이 무료이듯이 말이다.

그렇다면 AI 시대의 교육이란 어떤 것일까? 코딩하는 법을 배우는 걸까? 그걸 배운다고 나쁠 건 없지만, AI 시대의 교육에서 핵심은 코딩 지식이 아니다. 패러다임의 입장에서 보면, 교육의 대상은 특정한 패러다임을 가지고 살아가야 하는 공동체에 속하기에 그 패러다임을 배워야 하는 사람들이다. 같이 살 수 있도록 준비시키는 것이다. 사는 법을 가르치는 것이다. 이건 문화적인 적응이다. 문자 문명의 시대에 이 특정한 패러다임은 문자 지식 패러다임이다. AI 시대에 이 특정한 패러다임이란 물론 AI 패러다임이다.

인공지능 시대를 사는 방법

우리는 인공지능 시대를 어떻게 살아가야 할까? 바쁘게 컴퓨터 코딩을 배우고, 쏟아지는 인공지능 애플리케이션들을 익히고, 세상에 뒤처지지 않도록 열심히 공부하는 것이 답일까?

이게 틀린 행동은 아니지만, 이런 태도는 핵심을 놓치고 있다. 인공지능 시대에 우리는 세상의 모든 변화를 다 따라갈 수 없다. 따라가도 의미가 없다. 왜냐면 얼마 지나지 않아 또 바뀔 것이기 때문이다. 결국 우리는 뒤처지게 된다. 우리는 자신의 한계를 인정해야 한다. 물론 모든 분야가 당장 이렇지는 않을 것이다. 그러나 인공지능 시대가 본격화될수록 점점 더 많은 분야가 이런 식으로 변해갈 것이다.

우리는 '논리적 태도'와 '확률적 태도'를 구분할 필요가 있다. 이 둘 사이에는 앞에서 논했던 과학 패러다임과 AI 패러다임과의 차이와 비슷한 차이가 있다. 논리적 태도는 모든 일의 명시적인 이유를 찾고 지식을 모아서 어떤 생각의 틀 속에서 정리하려는 것을 말한다. 어떤 일의 중요성과 인과적 관계란 바로 그런 생각의 틀 안에서 그 사건이 차지하는 위치에 의해 결정된다. 엄밀하지는 않더라도 세상에 대한 하나의 형식적 시스템을 만들고, 그 시스템을 통해 세상을 이해하는 것이다.

이렇게 객관적이고 보편적인 지식 체계가 있고, 온 세상 사람들이 그 체계를 공부하여 그 안에서 소통하고 시시비비를 따지는 것이 계몽주의의 이상이다. 물론 지금도 미래에도 우리는 어느 정도는 이렇게 살아야 한다. 예를 들어 우리가 한국인으로 사는 이상, 한국의 사법제도를 어느 정도 알고 그 틀 안에서 살아야 한다. 한국과 영국은 도로교통법이 달라서 자동차가 달리는 방향이 반대인데, 통행 방향이 우측인 한국에서 자신은 영국에서처럼 좌측으로 달리겠다고 하면 곤란하다.

하지만 지식이 세상에 넘쳐나며 또 새로 생겨나고 있기 때문에, 그 모두를 하나의 체계로 만들어낼 시간은 주어지지 않는다. 설사 그게 가능하더라도, 체계를 익히는 도중에 그 체계를 깨뜨리는 새로운 변화가 올 수도 있다. 그러면 계속 새로운 체계를 익히느라 정신 없이 바쁠 것이다. 최신 트렌드를 다 따라가면서 정리하다 보면, 너무 많은 트렌드에 파묻혀 '이게 뭐 하는 짓인가'라고 한탄하게 된다.

결국 인공지능 시대에 우리가 취할 수밖에 없는 한 가지 태도가 있다. 그건 바로 '왜'라고 묻기, 이론 세우기를 자제하는 것이다. 세상을 단순하게 살고, 정해진 시간 동안 데이터를 얻었다면 최종적으로는 본인의 직관을 존중하는 것이다.

'왜'를 묻고 이론을 세우려 하면, 자연스레 우리는 사물들을 원인과 결과로 이으려고 하게 된다. 그리고 그게 잘 안 되면 어떤 사실은 무시하고 믿지 않으려 하게 되며, 지속적으로 불안증에 시달리게 된다. 그리고 그렇게 이론을 세우는 동안, 세상은 또 변해버린다. 모든 걸 그럴 수는 없지만, 정리가 안 되는 건 안 되는 대로 내버려 둘 수밖에 없다. 그러지 않으면 지식과 이론의 무한성 앞에서 좌절하게 된다.

인공지능 시대에 우리는 세계를 하나의 정밀한 시계처럼 여겨서는 안 된다. 세계를 정해진 정밀한 규칙이 계속 지켜지는 시스템으로 보면 안 되는 것이다. 그보다 우리는 세계를 수많은 도구의 집합으로 봐야 한다.

이는 우리가 아무것도 공부할 필요가 없다거나, 게으르게 살아도 된다는 의미가 절대 아니다. 게다가 뒤에서 살펴보겠지만, 논리적인 태도는 경우에 따라 여전히 매우 중요할 것이다. 하지만 우리는 미리 머릿속에 어떤 거대한 계획과 체계를 그리고, 그에 필요한 걸 준비하는 식으로 살아서는 안 된다. 적어도 언제나 그런 식이면 안 된다.

2005년 스탠퍼드 대학교 졸업식 연설에서 저명한 기업가 스티브 잡스는 가장 먼저 이런 이야기를 했다. 점을 미래를 향해 그어서는 안 된다고, 그보다는 미래에 점과 점이 이어지리라 믿어야 한다고 말이다. 우리는 이런저런 도구가 세상에 있다는 걸 알아두고, 필요하면 그 도구를 사용하는 법을 익히면 된다. 그리고 그런 도구들 하나하나가 점이라고 할 때, 그 점들이 연결된 하나의 거대한 구조는 우리가 그 일부를 만들지도 모르지만 그 이상으로 스스로 나타나리라는 걸 알아야 한다. 우리가 도구 혹은 점들을 준비해두고 있으면, 어느 날 거대한 목적이 스스로 나타날 것이다. 우리는 그걸 위해서 열린 태도를 가질 필요가 있다.

하나의 목적, 하나의 프로젝트가 나타나면 우리는 그 목적에 적합한 도구를 쓴다. 각각의 점들을 더 많이 그 목적에 잇는다. AI를 위한 학습기계가 학습을 하듯이, 그 목적 혹은 프로젝트는 더 많은 점과 이어지면서 더 근사한 형태로 진화해갈 것이다. 그런 과정에서 어떤 때는 세상이 나 자신도 모르는 나의 쓸모를 발견할 것이다. 각각의 도구는 자신의 역할을 해내기만 하면 그만이다. 왜 그렇게 작동하는지까지 이해할 시간은 대개 없고, 있다 해도 어차피 완벽하게 이해하지 못할 가능성이 크다. 중요한 것은 연결이고, 신뢰이며, 확률이다. 이유를 모르기 때문에, 우리는 확률을 따져야 한다. 이 도구가 제 역할을 할 확률이 얼마나 되는지, 이 도구를 신뢰할 수 있는지를 따져야 한다. 누가 무언가를 할 수 있냐고 물을 때, 무조건 할 수 있다고만 해서도 안 된다. 80퍼센트를 아는지 30퍼센트만 아는지를 말해야 한다. 그렇지 않으면 신뢰가 떨어지고, 전체 프로젝트가 멈춰 선다.

결국 핵심은 어느 쪽이 더 합리적이고 지능적인가이다. 법칙을 따지던 시대에는 데이터보다 법칙, 즉 이론이 더 본질적으로 보였다. 우리가 아는 사실들은 그런 이론이나 패러다임을 통해 잘 정리되어 원인과 결과의 관계로 연결되었다. 이런 논리적 태도는 그 나름대로 합리적인 접근 방식이다. 우리는 초중고와 대학을 만들어서, 이 지식 체계를 학습시키고 발달시켜왔다. 우리는 복잡한 내부 구조를 가진 기업을 만들어서, 그 기업이 정해진 시스템에 따라 문제를 해결하도록 해왔다. 논리적 태도에서는 이론과 법칙이 우리의 질문에 대해 답을 해준다.

그런데 데이터가 넘쳐나 세상을 체계화·이론화할 시간이 없거나 애초에 너무 복잡해서 그것이 불가능해지기 시작하면, 논리적 태도의 합리성이나 지능이 줄어든다. 애초에 우리의 목적을 위해 필요했던 틀과 이론이 데이터를 받아들이길 거부한다. 일을 효율적으로 하기 위해 만들었던 조직이 오히려 효율성을 망가뜨리고, 서로가 서로의 발목을 잡게 만든다. 하나의 틀에 너무 익숙해진 사람들이 그 틀에서 나오기를 거부하고, 세상을 쫓아가지 못하게 된다. 새로운 틀은 너무 복잡해서 익히기가 점점 더 어려워진다.

그럴 때 더 합리적이고 지능적인 것이 바로 확률적 태도다. 이론과 조직을 만드는 일을 최소화하고, 본질을 따지는 대신 확률만을 따지면서, 일의 목적에 집중하는 것이다. 임시적 연결을 강조하면서, 끝없이 변해가는 망 속의 삶을 지향하는 것이다. 확률적 태도에서, 우리는 그 연결된 망의 구조를 통해 우리의 질문에 대한 답을 찾으려고 한다. 우리는 미리 점을 미래로 긋지 않는다.

점과 점이 이어지리라 믿을 뿐이다.

논리에 중독된 사람들, 자신의 패러다임에 중독된 사람들은 확률적 태도를 비논리적이고 감성적이며 무모하고 심지어 광신적이라고까지 말할지 모른다. 왜냐면 확률적 태도에서는 감수성이나 신뢰가 중요하기 때문이다. 확률적 태도는 언제나 정답을 맞추려고 하지 않는다. 실패도 확률적 태도의 일부다. 그래서 직관, 신뢰, 감수성 등이 등장한다. 문제는 정답인지 여부가 아니라, 성공할 확률이다. 논리적 태도를 따르면, 종종 정답을 맞추기 위해서 너무 오래 계산하느라 시도 자체를 쉽게 하지 못한다. 마치 홈런을 치겠다며 데이터 분석을 하느라 타석에 올라가지 않는 타자 같다.

최근 세계적으로 유명한 기업가들은 마치 정치가나 사회운동가 같은 모습을 보이기도 한다. 과거에는 스티브 잡스가 대표적이었고, 최근에는 일론 머스크가 그렇다. 어떤 사람들은 종종 그들에게 환호하는 대중이 근거 없이 행동한다며 비하한다. 그들이 사기꾼이라고 말하는 사람도 있다. 물론 그들이 반드시 옳다고 할 수는 없지만, 그렇다고 비전에 공감하고 참여하는 문화를 비하만 할 수도 없다. 그건 미래에 대해 증명하라고 요구하거나 수동적으로 소비자가 되겠다는 태도가 아니라, 이런저런 미래를 만들어내는 생태계 같은 게임에 함께 참여하려는 태도이기 때문이다.

이미 말했듯이 이것이 반드시 성공하리라는 보장은 없다. 실패할 수도, 속을 수도 있다. 하지만 실패도 확률적 태도의 일부다. 이 점을 계속 무시하면 데이터가 넘쳐나는 빅데이터 시대, 인공지능 시대에는 아무것도 할 수 없다. 중앙에서 열심히 계산해서 일방적으로 무언가를 주는 식으로는 일이 진행되지 않기 때문이다. 완벽한 아이디어가 아니라도 괜찮다. 아니, 완벽할 필요조차 없다. 나머지는 다른 사람들이 채울 것이다. 확률적 태도는 곧 도구적 태도다. 서로가 서로에게 연결되어 서로를 도구로 쓰면서, 더 지능적이고 합리적인 시스템을 만들자는 것이다. 아직 모든 것에 대한 해답은 없지만, 계속 해나가면 부족한 걸 채울 수 있지 않겠냐는 것이다.

항상 확률적 태도가 논리적 태도보다 지능적 판단을 내리는 건 아니다. 논리적 태도는 여전히 중요하며, 많은 경우에 합리적이고 지능적이다. 또한 확률적 태도는 앞으로 더 만들어져야 할 사회적 인프라를 요구한다. 따라서 정보가 소통되지도 처리되지도 않는 사회에서는 합리적인 태도가 아니다. 그래서 AI나 인터넷 통신은 사회적 공공재로서 작동해야 한다. 데이터가 넘쳐날 때, 규칙 학습이 너무 어렵고 이론을 만들어내기 힘들 때, 논리적 태도는 실패한다. 이럴 때 확률적 태도도 실패한다면, 남는 건 불합리한 행동뿐일 것이다. 그때 우리는 또 다른 지능 패러다임을 찾아야 할지 모른다.

확률적 태도가 훨씬 더 민주적이라는 점은 강조할 필요가 있다. 논리적 태도는 천재와 우등생을 위한 시스템으로 보통 사람들을 억압한다. 보통 사람이 습득하기 어려운 복잡한 시스템 전체를 배운 사람만이 자신의 쓸모를 증명할 수 있기 때문이다. 그래서 거대한 지식 체계에서 대부분의 사람은 누군가의 명령에 복종해야 하는, 시스템의 단순한 부속품이 되고 만다. 수학공식의 증명이 절반만 맞아서는 소용이 없듯이, 논리적 태도가 지배하는 세계에선 어떤 지식 체계의 일부만 아는 사람은 가치를 증명할 수 없다. 부품 하나만 더하면 하늘을 날아갈 제트기라도, 어쨌건 혼자서 움직이지 못하면 버려진다. 아무도 그 부품을 채워주지 않는다. 부잣집에 태어나지 못해 그걸 채울 기회가 주어지지 않으면, 완성되지 않은 재능은 흔히 버려지고 만다.

하지만 확률적 태도에서는 모두가 도구로서, 점으로서 존재한다. 그들은 아직 하나의 목적 아래에서 연결되지 않았지만, 그런 연결이 생겨나면 자신의 쓸모를 찾을 것이다. 논리적 태도에서는 미래에 필요하다고 생각되는 걸 공부한다. 확률적 태도에서는 공부를 해두면, 목적이 그를 찾아온다. 어떻게 그런 일이 가능하냐고 생각한다면, 수렵채집인에게 고기가 동네 마트에 미리 손질된 채 진열되어 있는 문명세계가 그렇게 보이리라는 점을 생각해보라. 물론 지금은 그런 일이 원활하게 이루어지진 않는다. 하지만 분명 그런 세계가 오고 있다. 세상이 최적화를 하고 있다.

이런 세계에서는 보통 사람들이 자신의 쓸모를 찾는 일이 더 쉽다. 세상이 나의 쓸모를 찾아주기 때문이다. 이미 인터넷이 그런 일을 어느 정도 하고 있다. 그리고 나는 AI 기술의 가장 큰 쓸모가 여기에 있다고 믿는다. 세상에 존재하는 엄청난 양의 데이터를 처리하고, 필요할 때면 도구 내지 점들을 연결시켜서 어떤 구조가 쉽게 나타나도록 만드는 일 말이다. 그 구조란 사업일 수도, 사회운동일 수도, 유용한 지식 체계일 수도 있다. 이미 구글 같은 검색 서비스가 이런 일을 해왔지만, 챗GPT 같은 새로운 거대언어모델은 이를 완전히 새로운 차원으로 끌어올릴 수 있다. 이렇게 AI는 보통 사람들을 해방시킬 잠재력을 가진 기술이다.

문명의 시대와 부족의 시대, 그리고 인공지능

1988년 두 권의 책이 출판된다. 한 권은 조지프 테인터가 쓴 《문명의 붕괴The Collapse of Complex Societies》다. 조지프 테인터는 문명의 복잡성이 문제를 해결하기 위해 점점 증가하는 추세를 보이지만, 그 비용도 점점 증가해서 투자 대비 효율이 저하되는 경향이 있다고 말한다. 만약 주변에 경쟁하고 있는 다른 체제가 있다면, 갑작스런 붕괴는 피할 수도 있다. 하지만 그런 체제가 없다면, 누적된 모순은 복잡성의 갑작스런 감소인 붕괴로 이어지게 된다. 즉 문명과 제국이 짧은 기간에 사라지는 것이다.

다른 한 권은 미셸 마페졸리가 쓴 《부족의 시대Le temps des tribus》다. "포스트모던 사회에서 개인주의의 쇠퇴"라는 부제가 붙은 이 책에서, 마페졸리는 사람들이 점차 중앙적·보편적 질서에서 떨어져 나와 작은 집단으로 뭉치는 경향이 있다고 말한다. 그는 다원주의를 일종의 문명적 대안으로 여긴다. 즉 이런 흐름을 모더니즘의 한계를 극복하는 방향으로 여긴 것이다. 포스트모던 철학은 이데올로기를 부정하고 인간 이성의 한계를 강조하는 경향이 있다.

두 권의 책이 출간된 지 30여 년이 훨씬 지난 오늘날, 우리는 어떻게 살아가고 있는가. 현재 인류 문명은 헤어나기 힘든 함정에 빠져 있으며, 모순은 누적되고 있는 듯하다. 지금으로서는 더 이상 확장할 개척지도 대안적 체제도 없기 때문에, 테인터의 논리대로라면 인류 문명이 갑작스럽게 붕괴하더라도 이상하지 않아 보인다. 그 함정은 보편성과 특수성의 대립에 의해, 증가하는 세상의 복잡성과 소외된 인간에 의해 만들어졌다.

문명의 위기를 만드는 보편성과 특수성의 대립이란 이렇다. 마페졸리가 말하듯, 복잡한 현대사회는 마치 수많은 계곡이 있는 산맥과도 같다. 사람들은 각각의 계곡으로 숨어들고, 종종 그곳에서 바깥 세상과의 접촉이 끊기게 된다. 그들은 잊힌 부족이 되고 마는 것이다. 그러나 그들은 여전히 사회적 영향력을 발휘할 힘을 가지고 있다. 그들은 때때로 집단행동을 통해서 세상의 흐름을 바꿔놓는다. 대표적인 예는 사이비 종교 집단이지만, 종교에만 국한되어 있지 않다. 사람들은 여러 집단을 이루어 집단행동을 한다. 사회 전체는 보지 않고, 자기 이익만을 본다. 이 때문에 세상은 점점 더 많은 비용을 지불해야 한다. 이렇게 되면 전체 사회의 문제 해결 능력은 그만큼 떨어진다.

복잡성은 사회를 하나로 모으는 보편 질서의 효율성을 제한한다. 무엇보다도 그 질서는 핵심적인 부분을 인간에게 의존하고 있다. 예를 들어 예나 지금이나 인간이 법을 만들고 집행한다. 여전히 누군가 책임져야 할 중대한 판단을 내려야 할 때는, 선거에 당선된 사람이나 절차에 따라 구성된 위원회가 정보를 수집하고 분석해서 판단한다.

그런데 중앙이 해야 하는 일은 점점 더 복잡해져 왔다. 반세기 전이라면 중앙정부에서 전국에 똑같은 부동산 정책을 실시하는 일이 지금보다는 수월했을 것이다. 그러나 지금은 훨씬 더 어렵다. 수많은 물자와 인간이 엄청난 속도로 움직이는 복잡한 세상에서는, 지역마다 각각의 사정이 있기 마련이다. 그래서 똑같은 정책을 모든 지역에 적용하는 일은, 마치 홍수가 난 곳이든 가뭄이 진 곳이든 상관없이 똑같은 구호물자를 보내는 것과 같다. 그렇다고 해서 수많은 예외 조항을 가진 법규를 만들면, 이 법규의 해석과 적용으로 인해서 문제가 생기게 된다.

교육정책도 마찬가지다. 중앙에서 아무리 세심한 교육 시스템을 만든다고 해도, 그런 광범위한 시스템이 학생 하나하나의 사정을 일일이 반영할 수는 없다. 즉 하나의 보편적 정책이 모든 개인을 좋은 결과로 이끌리라 생각하면서 그 정책을 시행하게 되는 것이다. 결국 그런 시스템 속에서 한 개인은 그저 서울 지역의 고등학생 한 명으로 처리되고 만다.

이렇게 중앙이 주도권을 놓지 않고 보편적 질서를 적용하려고 하면, 중앙에 엄청난 과부하가 걸리게 된다. 중앙은 잘 알지도 못하는 문제에 대해서 간섭하고, 다른 사람의 손발을 묶어놓은 상태에서 아주 느리고 비싸게 일을 처리할 것이다. 부모를 잃은 한 아이가 당장 오늘 밤을 보낼 곳이 없는 상황인데, 중앙에서는 관련 예산 처리를 위해 위원회를 소집하고 토의를 시작하겠다는 식의 일이 벌어지는 것이다. 권력을 가진 중앙은 현장에 있지 않기에 일의 시급함을 모른다. 게다가 그들이 들여다봐야 할 현장의 수가 너무나 많다. 결국 중요한 결단은 인간이 내려야 하는데, 그 속도가 자연스레 너무 느려지는 것이다.

우리는 근대사회에 대한 공포스런 기억을 가지고 있다. 근대사회 초기에는 무엇이든지 중앙의 설계하에 처리될 수 있다는 착각이 만연했다. 그들은 이 세상이 얼마나 빠르게 커지고 복잡해질 수 있는지에 대해 엄청나게 과소평가했던 것이다. 그 사회는 인간을 억압하고 기계 부품처럼 다루었다. 이데올로기를 광신했다. 따라서 공산주의를 포함한 중앙집중형 권력에 대한 반대가 끓어오른 것도, 학교가 학생들을 다 똑같이 만드는 로봇 공장처럼 묘사되는 것도 이상한 일이 아니었다. 책상 위에서의 생각이 아무리 치밀해도, 그 생각이 온 나라를 지배하게 해서는 안 된다.

그러므로 보편 질서는 점차 한계를 드러내고, 특수성에 기반하여 자치단체들로 분화되는 현상이 벌어진다. 사람들은 보편 질서와 보편 시스템이 아니라, 사적 질서와 사적 공동체에 의존하지 않을 수 없다. 대표적인 예가 가족이다. 사회가 아이를 처음부터 끝까지 키울 수는 없다. 보육센터와 학교가 있다고 해도, 한 아이를 책임지고 돌보면서 개인적 관계를 맺을 가족이 없으면 아이는 성장할 수 없다. 어떤 매뉴얼과 법규도 현장에 있는 인간의 판단을 전부 대신할 수는 없다. 근대사회의 발전이 진행되면 될수록 이 같은 문제는 심각해진다. 세상은 점점 더 빨리 복잡해지고, 단순 무식한 중앙 통제의 한계는 더욱더 분명하게 자각된다. 이 때문에 사회를 다원화하고 지방자치를 실시하고 자율을 강조하는 풍조가 퍼져간다.

하지만 이것만으로 문제가 해결되지는 않는다. 다원화에도 문제는 있다. 예를 들어 가장 단순한 형태의 중앙집중형 사회에서는 정부가 부모를 대체할 수 없는데도 부모 역할을 모두 빼앗아오는 게 문제라고 한다면, 반대로 중앙정부의 한계를 인정하고 가족의 완전한 자치를 인정하면 문제가 해결될까? 가족의 자치 공간으로서의 성격을 지나치게 인정하는 바람에, 그 가족이 하나의 잊힌 계곡, 잊힌 부족이 되어버렸을 때, 우리는 그 안에서 사회적으로 용납할 수 없는 범죄가 저질러지지 않으리라 확신할 수 있는가? 종교의 자유를 지나치게 인정하는 바람에, 사이비 종교에 자신의 사적인 재산과 자유를 모두 빼앗기는 사람이 늘어난다면, 어떻게 할 것인가?

단순한 다원주의나 지방자치가 최종적인 해답이 될 수는 없다. 이것이야말로 앞에서 말한 잊힌 부족을 만든다. 그렇다고 다시 중앙에 의한 보편 논리가 전체를 지배하도록 만들겠다고 하면, 다시 시스템에 과부하가 걸릴 뿐이다. 우리는 온갖 예외적인 상황에 대한 법을 만들다가, 나중에는 그런 법 시스템에 갇혀 싸

움 이외에는 아무것도 못하게 된다. 좋은 부모란 어떤 사람인가. 좋은 남자란 어떤 사람인가. 좋은 고용주란 어떤 사람인가. 우리는 이런 질문을 보편적 입장에서 답해야 할까, 그저 각자의 입장에서 답하도록 내버려둬야 할까?

어떤 사람은 이것이 아마도 피할 수 없는 문제이며, 우리는 보편과 특수의 양극단 사이에서 균형을 잡으며 노력할 수밖에 없다는 처방을 내릴 것이다. 이 말이 틀리진 않다. 물론 우리는 이런 균형을 추구해야 한다. 하지만 이런 처방은 오직 단기적 시각에서만 옳다. 지금 이 순간에도 세계는 점점 더 복잡하고 빠르게 변하고 있다. 누구도 10년 뒤를 예측하기 힘들다. 보편성과 특수성 사이의 모순은 계속 누적되고 있다. 이렇게 물이 계속 불어나다가는, 결국 댐이 무너질 것이다.

조지프 테인터는 결국 댐은 무너지게 된다고 말한다. 이것이 문명의 위기다. 이런 대참사는 그 사회가 가지는 성장의 한계를 결정할 것이다. 문제의 원인인 사회적 복잡성의 증가가 해결되는 한 가지 비극적인 방식은 성장이 멈추고 시스템이 무너지는 것이다. 사회가 발전을 멈추거나 가난해지면, 혹은 전쟁 같은 재난으로 사람이 죽고 시스템이 파괴되면, 복잡성과 과밀의 문제는 해소된다. 하지만 이걸 위기의 해소라고 말할 수는 없을 것이다.

지금의 세계를 보면 이미 댐은 무너지기 시작한 것 같다. 세계는 코로나19라는 시험에 들었으며, 여기서 보편성과 특수성의 적당한 균형이라는 답은 허용되지 않는다. 보편적 상식을 잊어버린 사람들이 넘쳐나면, 나머지 사람들이 잘한다고 해서 코로나19 같은 문제가 해결되진 않는다. 그러면 지불해야 할 대가가 너무 크다.

결국 이런 문제의 해결책은 보편과 특수 사이에서 헤매는 것이 아니라, 집단적으로 더 지능적인 사회가 되는 것뿐이다. 정보가 더 빠르게 소통되고, 통계가 더 빠르게 수집되어 분석되고, 사회에서 당면한 문제에 맞게 빠르게 조직이 생기고 자율적으로 움직여야 한다. 그리고 그건 하나의 중앙집중적인 조직은 아닐 것이다.

그런데 생각해보면 이것이야말로 앞서 "인공지능 시대를 사는 방법"(173쪽)에서 말했던 확률적 태도다. 모두가 도구 또는 점으로 존재할 때, 그 점과 점이 빠르게 이어져서 목적을 이루는 시대 말이다. 물론 이것은 AI 패러다임이 사회에 투영되면 발생하게 될 결과이기도 하다.

사회가 점점 더 다원화되어만 가는 현재의 추세는 결국 언젠가 문명의 위기를 일으킬 것이다. 그걸 피하기 위해서는 세상이 이제까지와 다른 방식으로 운영될 필요가 있다. 여기에 꼭 필요한 것이 AI다. 사람이 그 모든 데이터를 처리할 수는 없기 때문이다. 다원화하는 동시에, 잊힌 계곡도 없어야 한다.

그것에 실패할 때, 즉 이 책에서 쓴 표현으로 사이보그 1이 사이보그 2로 진화하는 데 실패할 때, 우리는 집단적으로 더 지능적이게 되지 못할 것이다. 그리고 그건 문명의 재난일 것이다.

인본주의의 새로운 시작

2015년 이스라엘의 역사학자 유발 하라리는 《호모 데우스 Homo Deus》를 출간했다. 여기서 "데우스Deus"는 라틴어로 '신'을 뜻한다. 하라리는 이 책에서 호모 사피엔스가 멸종하고, 우리 중 일부만이 호모 사피엔스를 넘어 호모 데우스가 되는 미래를 이야기한다.

하라리에 따르면 7만 년 전에 인지대혁명이 있었다. 이를 통해 인간은 다른 동물과는 달리 추상적인 관념이나 서로 간의 관계에 대한 가상의 허구를 만들고서, 그것을 믿는 능력을 갖게 되었다는 것이다. 그렇게 인간은 동물과 달라졌다. 그리고 인지혁명은 1만 5천 년 전의 농업혁명으로, 다시 5천 년 전의 문자와 돈의 발명으로 이어졌다. 그리고 마침내 역사는 17세기의 과학혁명으로 이어져, 인간이 스스로를 세상의 중심으로 보는 인본주의를 믿기에 이르렀다. 본래 인간은 스스로를 동물과 그리 다르지 않다고 보았다. 애니미즘 단계에서는 인간과 다른 동물 간에 근본적인 간극이 없었다. 또한 서양에서와 달리, 동양에서는 윤회를 하면 인간이 벌레나 동물로 태어나기도 한다고 믿었다. 즉 인간이 세상의 다른 모든 존재와 서로 뒤섞이는 존재라고 믿었던 것이다. 그러나 인간의 능력은 스스로를 다른 동물과 다르다고 느끼게 만들었다. 이에 따라 인간은 스스로 신을 창조하고서, 인간은 신에 의해 특별하게 창조된 존재라고 믿게 되었다. 그리고 한 걸음 더 나아가, 이제 인간은 '신은 죽었다'고 선언하고서, 인간이야말로 우주의 비밀을 알 수 있는 귀한 존재라고 부르짖는 종교를 갖게 되었다. 이 종교는 바로 인본주의다. 이에 따르면 진리는 우리 개인의 마음속에 있기에, 마음을 차분히 하고 자기를 탐구하면 그 마음이 우리에게 진리를 가르쳐준다. 그래서 우리는 모든 인간이 귀하고 평등하다고 말하며, 투표권 같은 인간의 선택과 권리를 강조한다. 오늘날 인종차별이나 여성차별이 사회적 금기가 된 이유는, 그들이 모두 인간이라는 사실에 있다. 인간은 모두 성스럽고 귀하며 자유로워야 한다.

그런데 문명의 발달로 등장한 인본주의, 지난 3백 년간 세상의 상식이던 이 종교는, 이제 문명의 발달로 인해 사라질 위기에 처해 있다. 하라리는 인본주의가 기독교나 다른 형이상학적 체계처럼 하나의 이데올로기이자 종교이며, 그것이 새로운 종교, 새로운 믿음으로 교체될 거라 말한다.

인간이 특별한 존재가 된 데는 역사적·사회적 배경에 있기 때문에 그 이유를 확고하게 증명하거나 단 하나의 이유로 환원할 수는 없겠지만, 나는 그 이유 중 하나가 인간만이 정보를 처리하는 특별한 능력을 가졌다는 점이라고 믿는다. 왜 지난 3백 년간 교육이 점점 더 대중화되고, 그에 따라 시민의 권리가 더 강화되었는가를 생각해보면, 수많은 정보를 모으고 그것을 이용해 문명을 세우는 데 인간이 특별한 역할을 했기 때문임을 알 수 있다. 관찰을 통해 기술과 과학을 만들 때, 관찰 데이터를 모으고 그걸 이해하여 정리한 뒤 이를 통해 만들어진 시스템을 돌리는 주체는 인간이었다. 즉 과학혁명과 산업혁명의 시대에 정보가 점점 더 증가하자, 인간에 대한, 더 정확히 말하면 교육받은 노동자에 대한 수요도 점점 더 늘어났다. 그런 사람이 많은 나라가 발전했다.

하지만 누적된 정보가 방대해지고 그 정보를 정리한 시스템의 크기도 커지면서, 오늘날 인간은 이런 발전이 가져온 모순과 억압으로 인해 고통받고 있다. 게다가 이제는 인간이 하던 일을 더 똑똑한 AI가 대신하게 될 거라고 한다. 그렇다면 인본주의는 바닥부터 무너지게 될까? 인본주의의 핵심은 인간이 이성적인 존재라는 것이다. 그런데 인간이 아닌 이성적 존재가 나타나면, 인간은 어떻게 될까? 인간이란 이제 성스럽고 귀한 존재가 아니라, AI로 교체될 불필요한 존재인가?

현대사회의 복잡성이 가져온 미래에 대한 불안감은 이미 여러 문화 콘텐츠 속에 반영되어 있다. 2019년 발표된 영화 〈조커〉를 살펴보자. 배트맨 세계관의 악당 조커가 주인공인 이 영화는, 비논리적이고 폭력적이며 불친절한 세상 사람들을 그 배경으로 한다. 영화가 보여주는 조커가 악당이 되는 세상에도 몇몇 예외적인 사람과 인간적 교감의 순간이 존재하지만, 그건 그야말로 예외일 뿐 인간은 기본적으로 약하고 악하며 불안감에 가득 찬 존재로 그려진다. 행복하고 친절하며 정서적으로 안정되고 꿈을 위해서 충실하게 살아가는 인간은 텔레비전 속에나 있는 존재로서, 마치 인간이 아닌 듯 보인다. 말하자면 그리스 신화 속의 신과 같다고 할까. 어느 쪽이 진짜 인간일까? 약하고 배신하는 존재들? 아니면 정말로 드문, 거의 신처럼 보이는 존재들?

이런 불길한 세상을 그리는 영화는 그야말로 헤아릴 수 없이 많다. 집단 괴롭힘을 다루는 영화를 보라. 한국 영화도 그런 세상을 그리지만, 미국 영화에서는 이런 묘사가 너무 흔해서 세상은 본래 이렇다는 광범위한 확신이 존재한다고 느껴질 정도다. 말하자면 현실은 미국의 좀비 드라마 〈워킹 데드〉 속 세상과 별다르지 않다는 것이다. 소수의 예외적인 인간이 있지만, 대다수 인간은 이미 좀비처럼 감수성이나 이성 따위는 없어 보인다. 어떻게 말하면 인간의 본질은 좀비이고, 좀비가 아닌 인간은 오히려 인간이 아닌 다른 어떤 존재처럼 보이기까지 한다. 인간이 좀비에 둘러싸인 채 살아가는 세상은 우리가 사는 실제 현실에 대한 은유다.

현대인이 받는 억압을 가장 잘 보여주는 곳은 학교다. 학교는 이 시대에 걸맞은 인간을 만들어내는 장소이기 때문이다. 지금의 학교교육 곳곳에서는 심각하게 누적된 피로를 볼 수 있다. 비대해져 가는 지식 시스템을 모든 사람에게 일괄적으로 교육을 시키다 보니, 아무리 공부해도 부족하다. 오늘날에는 모두가 초중고를 나와서 대학을 졸업해도, 아니 대학원까지 졸업해도 더 공부하라는 말을 듣는다. 빠르게 변하는 세상에서 학생뿐만 아니라 직장인이나 대학교수도 모두 힘든 시간을 보내고 있다. 게다가 세상이 변하는 속도는 점점 더 빨라지고 있다.

대부분의 학생에게는 그런 교육과정을 따라가기 위한 시간과 돈이 부족하다. 게다가 그 긴 교육 기간 동안 계속해서 고문을 당한다. 머리에 어떤 지식 시스템을 억지로 집어넣으려고 안간힘을 쓴다. 그렇게 어렵게 쌓은 지식이 세상에 나오면 별 쓸모도 없고 취직에도 도움이 안 된다. 이런 상황이 언제까지 지속될 수 있을까? AI는 이미 고생하고 있는 사람들에게 마지막 치명타가 될 위기를 가져오지 않을까?

이런 걱정들에도 불구하고, 나는 여전히 인본주의에 희망적이다. 인간의 가치는 새 시대에도 여전히 높을 거라고 믿는다. AI는 위협이 아니라 희망이고, 지금의 세상에 대한 치료제다. 인간은 종교의 시대에는 영적인 존재로, 과학의 시대에는 이성적인 존재로 여겨졌다. AI 시대에 인간은 제3의 지식을 지닌 존재로 여겨질 것이다. 미래는 인간이 대체되어 할 일이 없어지는 시대가 아니라, '디지털 낭만주의' 시대다. 그 시대는 점점 더 많은 사람이 해방된 존재로서 창의적인 일을 하면서 자기를 표현하는 시대다. 발달된 지능적 시스템이 필요한 사람과 서비스와 물자를 연결해주는 시대다. 교육 현실에서 드러나는 문제는 근본적으로 교육만을 바꾼다고 해결되지 않는다. 교육을 둘러싸고 있는 환경인 사회가 바뀌고, 다시 그 변화된 사회를 교육이 반영해야 문제가 해결된다. 이를 가능하게 만드는 것이 AI 기술이다.

하지만 오해해선 안 된다. 미래에 출현할 '슈퍼지능'은 박스 안의 AI도, 어떤 머리 좋은 천재도 아니다. 그것은 인간과 기계가 소통하면서 만들어내는 집단적 지능일 것이다. 그리고 그 슈퍼지능에서 인간은 여전히 핵심적 역할을 할 것이다. 하지만 또한 너무 자만하지는 말자. 인간의 힘이란 결국 상당 부분 도구의 힘이기 때문이다.

과거의 인본주의는 개인주의적이었다. 물질이 원자로 이뤄져 있듯이, 사회는 개인의 합이라고 여겨졌다. 오늘날 사람들은 종종 지능을 하나의 인간이나 AI 기계가 독점적으로 갖는 성질이라고 본다. 그 역시 환원주의적이고 개인주의적인 관점 때문일 것이다. 하지만 새로운 시대에 이런 믿음은 약화될 것이다. 지능은 환경과 분리해서 말할 수 없고, AI 같은 사회적 인프라의 도움을 받아야 집단적으로 발현된다는 점이 더 분명해질 것이다. 그리고 그럴 때 우리는 보다 집단적이고 비非환원주의적이며 겸손한 시선으로 인간을 바라보게 될 것이다. 우리는 연결될 때 더 지능적이게 된다. 연결이 지능이다.

새로운 세상의 인본주의에는 '인간은 고귀하게 태어난다'는 믿음만큼이나, '인간은 인류의 도구에 접속할 권리가 있다'는 믿음이 필요하다. 우리는 적극적으로 AI 인프라를 개발하고, 그것을 사람들에게 보급해야 한다. 새로운 교육은 AI 패러다임을 가르치고, 그것을 믿게 하는 과정을 포함할 것이다. 이런 인프라를 마련하기 위한 사회적인 준비가 없다면, 그건 지하철이 없는데 지하철 타는 법을 배우는 꼴일 것이다.

그렇게 필요한 준비가 끝났을 때, 새로운 인본주의의 시대가 열릴 것이다. 그것은 겸손한 인본주의이자, 덜 개인적인 인본주의이다. 지능이란 나 혼자 독점하는 것이 아니라, 연결에서 나온다는 것을 이해하는 인본주의이기 때문이다.

나는 이미 내비게이션이 없으면 자동차 운전을 잘 못한다. 안 그래도 길치인 나는 내비게이션이 좋아지자 길을 외우려는 노력을 포기해버렸다. 덕분에 나는 상당 부분 내비게이션에 복종하면서 산다. 이건 내가 기계의 노예가 됐다는 뜻이 아니다. 자신이 무슨 게임을 하고 있는지 기억하는 한에서는 말이다.

자동차가 발명되었지만, 많은 현대인은 과거의 사람들보다 더 근육질이다. 자동차를 타는 일에 중독되지 않았기 때문이다. 그들은 차가 있다고 몸 쓰는 일을 포기하지 않고, 오히려 더 단련하고 관리했다. 미래의 인간은 여러 게임에 참여하면서, 여러 AI에 의존하게 될 것이다. AI에 중독되는 사람도 있을 것이다. 하지만 모두가 그렇지는 않을 것이다. 그들은 게임의 부속품이 되지 않고, 게임을 창조하며 살 것이다. 현실과 게임을, 혹은 서로 다른 게임들을 혼동하지도 않을 것이다.

| 닫는 글 |

우리는 AI와 함께 새로운 인간을 만들어갈 것이다

우리가 무언가에 대해 이해하려고 할 때, 다른 무언가와의 비교는 자연스레 이루어진다. 설혹 우리 자신이 그런 비교를 하고 있다는 것을 명료하게 의식하진 못하더라도 말이다. AI에 대한 논의는 좋은 예이다. 사람들은 대개 자신이 AI를 무엇과 비교하고 있는지 의식하지는 않는다. 그렇지만 AI에 대한 사람들의 다양한 이야기를 전반적으로 들어보면, 그 비교 대상이 무엇인가는 명확하다. 그것은 인간과 기계다. 즉 AI를 어떤 때는 인간과, 어떤 때는 다른 기계와 비교한다. AI에 대해 말하면 곧잘 인간형 로봇을 떠올리게 되는 이유는, 이 두 가지가 합쳐진 대상이 인간 형태의 기계이기 때문일 것이다.

비교는 다름만큼이나 같음을 강조하게 되는 행위다. 남자와 여자를 비교할 때면, 자연스럽게 그 차이를 보는 동시에 그들이 모두 인간이라는 동질적 집단에 속한다는 점도 보게 된다. 한국과 일본을 비교하거나, 한식과 양식을 비교할 때도 같은 일이 생긴다. 그래서 발톱과 한국처럼 절대 같은 집단에 속할 법하지 않은 두 가지를 억지로 비교하려고 하면 당황하게 된다.

이런 효과 때문에, AI를 인간과 비교할 때면 자연스레 AI를 또 하나의 인간처럼 보게 되고, AI를 다른 기계와 비교할 때면 자연스레 AI를 또 하나의 기계로 보게 된다. 이로 인해 우리는 AI는 인간과는 다르다고 말하면서도, AI가 인간처럼 감정과 욕망을 가질 수도 있다는 걸 너무 쉽게 받아들인다. AI를 이미 인간으로 여기기 때문이다. 또한 AI가 다른 기계와는 다르다고 말하면서도, 두 가지가 전혀 다른 원리에 의해서 만들어진다는 사실을 잊고 'AI도 결국은 기계다'라며 인공지능의 한계를 설정하고 만다. AI를 우리가 아는 주변의 기계들과 같다고 여기기 때문이다

이런 비교보다는 AI를 지능 패러다임으로 파악한 뒤, 이를 다른 지능 패러다임들과 비교해보는 편이 더 생산적이다. 앞서 나는 문제를 해결하는 특정한 접근법을 지능 패러다임이라고 불렀다. 이런 관점에서 보면 지능이란 여러 가지 방식으로 만들어지는데, 그중 하나가 AI 패러다임이다. 우리는 AI 패러다임을 다른 패러다임들, 특히 과학 패러다임과 비교해볼 때 더 잘 이해할 수 있다. 또한 과거의 패러다임들이 만든 변화를 살펴보면서 AI가 발달된 사회란 어떤 사회인지, AI가 어떤 미래를 만들게 될지를 상상해볼 수도 있다.

AI 패러다임의 관점에서 보면, AI는 기계가 아니다. AI는 우리

주변의 기계들과는 다른 원리로 만들어지기 때문에, 그걸 기계라는 말로 뭉뚱그려서 말하면 오해가 생길 수 있다. AI는 기계만큼이나 생명체와도 닮아 있다. 생명체처럼 진화 과정의 결과물이기 때문이다.

또한 AI는 인간이 아니다. 앞에서 말한 것처럼 기호주의 인공지능이 인간 지능을 재현할 수 있다는 생각이 오만이듯, 미래에는 인간이 끌어모은 데이터를 이용해 인간 자체를 대체할 AI를 만들어낼 수 있으리라는 생각도 오만이다. 인간은 기나긴 생명진화 과정의 결과물이다. 특정한 조건하에서는 AI가 인간을 능가할 수도 있지만, 여전히 인간은 AI가 가지지 못하는 특성을 가질 것이다. 그 좋은 예가 사회적 협동이다.

사실 'AI가 인간을 능가한다', '인간이 AI를 능가한다' 같은 말 자체가 별 의미 없다. "기호주의 인공지능의 한계"(49쪽)에서 소개했듯, 휴버트 드레이퍼스는 기호주의적 인공지능이 인간의 지능을 능가할 수 없다고 주장했다. 이 말은 실질적으로 인간 지능이 문자 지식 지능을 능가한다고 하는 말이지만, 그렇다고 해서 문자 지식 지능으로 인해 이룩된 문명적 성취가 사소하다는 뜻은 아니다. 'AI가 인간을 능가할 것인가'에 집중하면, AI를 과대평가하거나 과소평가하기 쉽다. 올바른 질문은 '우리가 AI와 함께 무엇을 할 수 있는가'이다.

우리는 '본질' 같은 말에 집착하지 말아야 한다. 그러면 인간의 육체적 본질은 뇌고, 뇌의 본질은 슈퍼 뇌세포라는 식의 환원주의적 사고에 빠지기 쉽다. 인간은 태어날 때부터 변하지 않는 비물질적인 영혼을 지닌다는 생각도, '인간' 혹은 '나'라는 것의 본질이 언제까지나 변하지 않고 그대로 있다는 생각으로부터 나온다. 모든 것은 그저 서로 다른 것이고, 지능은 그 서로 다른 것들이 연결된 결과로 나오는 것이다. 여기까지는 인간이고 여기부터는 도구라는 식의 생각도 옳지 않다. 우리는 인간이 지능을 가진 존재라는 인본주의에 익숙하지만, 사실 인간 지능의 상당 부분은 인위적인 기술인 문자에 의해서 만들어진 문자 지식 지능이다. 즉 인간은 이미 사이보그이며, 만들어지는 존재인 것이다. 우리가 어머니의 뱃속에서 나올 때부터 인간적인 지능을 갖춰서 나오는 게 아니다.

AI는 학습하는 능력을 가진 도구다. 그래서 다른 기계와는 달리 도구를 쓰는 법도 익힐 수 있다. 그리고 그것은 다시 인간과 연결되어, 인간 지능을 이루 말할 수 없을 정도로 크게 향상시켜 줄 가능성을 가지고 있다. 고전 SF 영화 〈매트릭스〉를 보면, 헬리콥터 운전 기술을 머리에 다운로드하여 순식간에 운전 능력을 얻게 되는 장면이 나온다. 도구를 쓰는 법을 순식간에 익힐 수 있는 AI는 그와 같은 일을 할 수 있다. 헬리콥터 자율주행 프로그램을 다운로드하면, 순식간에 운전할 수 있게 되는 것이다. 그리고 그런 AI를 쓰는 인간도 같은 능력을 갖게 된다. 우리는 단지 헬리콥터 자율주행 프로그램을 다운로드하라는 명령만 내리면 된다. 아직 이 정도까진 아니지만, 이미 이와 비슷한 일들이 챗GPT 같은 거대언어모델에서 이루어지고 있다.

나는 AI가 할 수 있는 가장 중요한 과제는 이 복잡해진 세상의 정보를 처리하는 일이라고 생각한다. 문제가 없으면 답도 필요 없다. 지금의 세계가 문자 지식 지능을 갖춘 사이보그 1이 해결할 수 없는 문제로 채워지고 있기 때문에, 우리에게 AI가 필요해진 것이다. 그리고 그 문제란 이 복잡한 세상을 운영하는 일이다. 에너지를 절약하고 물류를 빠르게 만들고 정보를 순식간에 퍼뜨려서, 사람들에게 음식과 집과 직업을 제공하는 일이다. AI의 사용은 또 다른 사치스런 자동차 구입 같은 게 아니라, 문명의 위기를 극복할 해결책을 구하는 피할 수 없는 일이다.

모든 지능 패러다임은 일종의 문제 해결을 위한 처방이며, 성공하려면 특정한 조건이 충족되어야 한다. 과학 패러다임의 경우, 인간이 이해할 수 있는 단순한 법칙들이 자연에 실제로 존재하리라는 믿음이 충족되어야 했다. AI 패러다임의 경우, 우리가 가진 데이터와 컴퓨터를 써서 이제까지 해결하지 못했던 문제를 해결할 수 있는 AI를 만들어낼 수 있다는 믿음이 충족되어야 한다. 이런 믿음이 본격적으로 언제 사실이 될지를 정확히 예측하는 일은 불가능하다. 하지만 최근에는 주목할 만한 AI들 때문에 희망이 크게 부풀고 있다.

그리고 그것은 기술적인 측면 이상으로 대중에게 달려 있다. 그래서 AI의 발달은 기술적 발전을 넘어 문화적 변화로 여겨져야 한다. 복잡한 기계문명이란 단순히 사람들이 기계를 쓰는 사회가 아니라, 기계의 바탕이 되는 패러다임에 따라 기계를 만드는 공장도 조직되고 그 공장에서 일하는 사람도 교육되는 사회다. AI가 발달한 사회도 마찬가지다. 그건 사람들이 다른 철학을 가지고 살아가는 사회고, 다른 방식으로 말하고 글 쓰는 사회다. 합리적이라는 말이 다른 의미를 갖게 되는 사회다. 그런 변화 없이 단순히 AI를 쓰기만 한다면, 침팬지가 제트기를 모는 것처럼 위험한 일이 벌어질 수 있다. 문자의 발달처럼, AI의 발달도 인간 지능의 발달이다.

우리는 이런 변화의 끝에서 인간을 재정의하게 될 것이다. 나는 그 인간을 '사이보그 2'라고 부른다. 사이보그 2는 덜 개인주의적이고 보다 겸손한 인본주의를 믿는 인간이다. 문자와 결합한 인간인 '사이보그 1'은 현재의 문명사회를 만들어냈다. 그렇다면 사이보그 2는 어디까지 갈 수 있을까. 그것은 현대인이 침팬지나 수렵채집인처럼 보이게 될 세상일 것이다. 우리는 그런 시대로 가는 과도기에 있다.

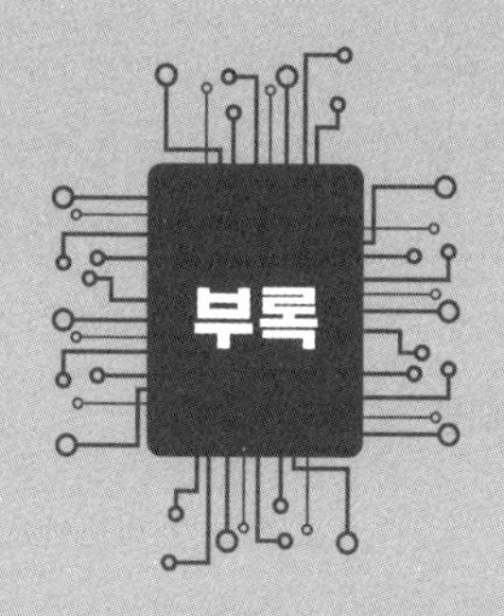
부록

기계는 어떻게 학습을 할 수 있는가?

'기계학습'이란 기계 혹은 프로그램이 학습을 한다는 의미이다. 그렇다면 기계는 어떻게 학습을 할 수 있을까? 기계학습은 데이터를 수치로 표현하고, 그 속에서 규칙성을 찾아내는 과정이다. 우리는 이런 프로그램을 '학습기계'라고 부른다. 학습기계는 대부분 프로그램 상태로 작동하지만, 원한다면 하드웨어화하여 기계로 구현할 수도 있다. 여기서는 이 기계학습 과정을 최소한의 수학만 써서 가능한 한 구체적으로 살펴보자. 이는 기계학습이란 무엇인지를 보다 확실히 가르쳐줄 것이다.

먼저 '데이터 표현'에 대해 살펴보자. 기계학습을 진행하려면 데이터를 숫자로 표현하는 일이 필수적이다. 다시 말해 그림을 인식하건 자연어 처리를 하건, 일단 숫자로 변환해야 하는 것이다. 자연어 처리에서는 이를 특별히 '임베딩embedding'(삽입) 과정이라고 부르는데, 이는 일반적으로 데이터 사전 처리 과정의 일부이다. 이는 컴퓨터가 '강아지'나 '자동차' 같은 단어를 직접 다룰 수는 없으므로, '1'이나 '2' 같은 숫자가 각각 '강아지'와 '자동차' 같은 단어를 대표하게 만드는 과정이다. 더 정확히 말하자면 단순히 하나의 숫자가 아니라, 숫자의 나열이 특정 단어를 대표하게 한다. 이때 한 줄로 숫자를 늘어놓은 것을 '벡터vector'라고 부르고, 숫자를 사각형의 형태로 나열한 것을 '행렬matrix'이라고 부른다. 예컨대 벡터의 경우, 강아지를 '(0,0,1)' 같은 수의 나열로 표시하거나, 하나의 음성 신호를 시간 구간별로 잘라서 각각의 구간을 하나의 숫자로 표시한다. 행렬의 경우, 하나의 전체 이미지를 작은 조각들로 나눠서 각각의 조각을 숫자로 표시한다.

기계학습은 이렇게 데이터를 숫자로 변환한 이후에, 그 변환된 데이터가 가진 규칙성을 찾아내는 과정이다. 일단 그 규칙성을 찾아내면, 새로운 상황을 마주했을 때 그 규칙에 따라 새로운 데이터를 만들어내거나 예측을 할 수 있다. 예를 들어 개와 고양이를 구분하는 문제를 푸는 경우, 수많은 개와 고양이의 사진을 본 뒤에 새로운 사진을 보고 어느 쪽인지를 판정할 수 있을 것이다. 앞에서 말했듯이 이 과정에서 등장하는 이미지 데이터는 모두 숫자로 변환되며, 학습하는 프로그램, 즉 학습기계에서 나오는 결과도 당연히 숫자로 이루어진다. 그리고 그 숫자가 다시 인간이 이해할 수 있는 형태로 변환된다. 예를 들어 개나 고양이가 담긴 새로운 사진에 대해 '(0.9, 0.1)'이라는 값을 출력한다면, 개일 확률이 90퍼센트이고 고양이일 확률은 10퍼센트라는 뜻일 수 있다.

여러 쌍의 숫자들 간에 존재하는 관계를 수학에서는 '함수'라고 부른다. 그러므로 숫자로 표현된 데이터들 안에 존재하는 규칙성을 찾는 기계학습 과정은 함수를 찾는 과정이라도 말할 수도 있다. 이럴 때 학습기계란 데이터가 갖는 특정한 함수관계에 바탕하여, 주어진 입력에 대한 결과값을 출력하는 기계나 프로그램을 말한다. 예를 들어 '$y=2x$'라는 함수관계를 갖는 프로그램은 '$x=10$'을 입력하면 '$y=20$'을 출력할 것이다.

기계학습 과정을 우리 일상에서 익숙한 기계인 라디오와 오븐에 빗대어 생각해보자. 라디오에서는 주파수를 조절할 수 있고, 오븐에서는 요리하는 온도와 시간을 설정할 수 있다. 이렇게 조절 가능한 숫자를 '변수'라고 부른다. 하나의 변수를 갖는 라디오에서 주파수를 바꾸면, 그 라디오는 특정 주파수로 송출되는 라디오 방송을 들려주는 기계로 변화한다. 두 개의 변수를 갖는 오븐에서 온도와 시간 설정을 바꾸면, 그 오븐은 특정 조리법에 따라 요리하는 기계로 변화한다. 마찬가지로 학습기계는 그 내부에 라디오나 오븐처럼 조절 가능한 숫자들, 즉 변수를 가지고 있다. 그리고 그 변수들의 값을 바꾸면, 입력과 출력 간의 관계가 바뀌게 된다. 물론 실제로 응용 분야에서 사용되는 학습기계는 라디오나 오븐처럼 한두 개의 변수만을 갖진 않는다. 자연어 처리를 하는 챗GPT-3.5는 1750억 개의 변수를 갖는다. 하지만 오븐의 설정이 조리 방식을 결정하듯, 그 변수들의 값이 학습기계가 하는 일, 즉 어떤 입력이 들어왔을 때 어떤 출력을 만들어내는지를 결정하게 된다는 점에서는 같다.

일반적으로 주어진 데이터에 대해 그것을 만족시키는 함수를 찾는 과정은 이렇게 행해진다.

0. 가지고 있는 데이터를 확인한다.
1. 답이 될 함수들의 후보를 정한다.
2. 후보들 중에서 어떤 함수가 주어진 데이터를 가장 잘 만족시키는지 확인하여, 그 함수를 답으로 제시한다.
3. 이렇게 찾아낸 함수를 평가한다.

예를 들어 2차원 xy평면 위에 두 개의 점이 있다고 하자. 그리고 그 점들의 좌표가 '$(x,y)=(0,0)$'과 '$(x,y)=(1,1)$'이라고 하자. 여기서 이 두 점은 기계학습에서 말하는 데이터이며, 그 데이터에 해당하는 좌표는 이미 숫자로 이뤄져 있다. x가 입력이라면 y는 출력이 되고, 점들의 좌표는 이런 입력-출력 관계를 나타낸다. 이렇게 입력-출력 쌍으로 이뤄진 데이터를 활용하는 기계학습을 '지도학습supervised learning'이라고 한다(여기서 논의하지는 않겠지만, 출력을 포함하지 않은 데이터를 활용하는 기계학습은 '비지도학습unsupervised learning'이라고 한다). 입력과 출력이 각각 단 하나의 숫자로 이루어져 있는 데이터는 가장 간단한 사례라고 할 수 있다.

이렇게 데이터를 확인한 뒤에, 우리는 답이 될 함수들의 후보를 정한다. 여기서는 중학교 과정에서 배우는 1차함수를 예로 들어보자(이보다 더 복잡하고 많이 쓰이는 함수의 예는 213쪽 "인공신경망이란 무엇인가?"를 참조하라). 그 후보가 1차함수일 경우, 우리는 그것을 '$y = ax + b$'라는 관계식으로 적을 수 있다. 여기서 a와 b가 변화시킬 수 있는 변수이다. 이 변수가 변하면 함수도 변하게 된다. 예를 들어 '$a = 2$, $b = 1$'이라면 함수는 '$y = 2x + 1$'이 되고, '$a = 1$, $b = 0$'이라면 함수는 '$y = x$'가 된다. 'x'와 'y' 사이의 관계를 나타내는 이런 1차함수는 xy평면 위에 직선으로 그릴 수 있다. 이 중에서 주어진 '$(x,y) = (0,0)$'과 '$(x,y) = (1,1)$'라는 데이터를 만족하는 선은 곧 그 두 점을 지나는 선이다. 즉 그래프에서 선이 두 점을 지난다는 건, 그 점들에 대한 함수관계를 만족시킨다는 뜻이다.

물론 앞에서 제시한 1차함수 식으로 가능한 모든 함수를 만들어낼 수는 없다. 하지만 후보가 될 함수를 제한하지 않는 경우, 답이 되는 함수를 찾는 과정이 무의미해진다. 제한이 없으면 두 점을 지나는 선으로 표현되는 함수가 무한대로 많아지기 때문이다. 우리는 마음대로 선을 그어서 그런 함수를 표현할 수 있다. 우리는 보통 더 간단한 함수가 더 좋은 답이라는 '오컴의 면도날' 원칙을 따르지만, 여기에도 애매함은 있다. 어떤 함수관계가 간단한지 아닌지는, 입출력 데이터를 어떤 형태로 집어넣는가에도 달려 있기 때문이다. 아무튼 이런 애매함 속에서 우리는 학습 모델의 구조를 선택하게 되고, 이것이 가능한 함수의 형태를 결정하게 된다. 어느 경우이건 우리는 특정한 제약을 두고서 후보 함수들을 정한다. 제약이 너무 강하면, 데이터를 잘 만족시키는 함수가 적어져서 마지막 평가 단계에 좋은 결과를 얻을 수 없을 것이다. 하지만 제약이 너무 약해서 후보 함수가 너무 많아지면, 지나치게 복잡한 관계를 통해서 데이터를 만족시키는 함수들도 나타날 것이다. 이런 경우에도 마지막 평가 단계에 대개 만족스럽지 않은 결과가 나온다. 기계학습에서는 전자를 '언더피팅underfitting', 후자를 '오버피팅overfitting'이라고 부른다.

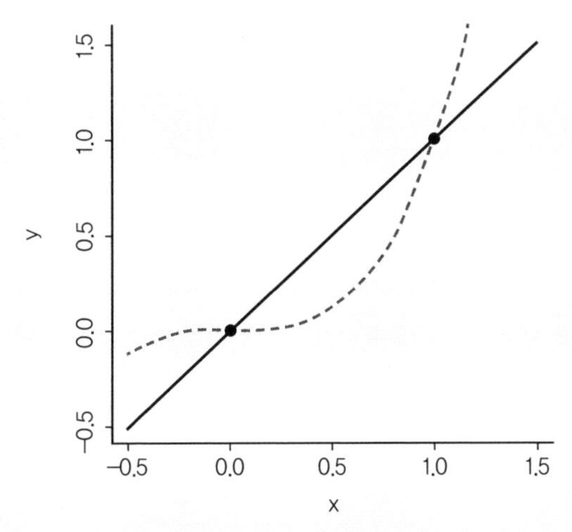

그래프에서 점 '(0,0)'과 '(1,1)'을 지나는 두 개의 선은 모두 데이터를 만족시킨다. 직선은 1차함수를, 점선은 3차함수를 나타낸다.

그렇다면 어떤 후보들을 선택해야 하는가? 우리는 어떻게 그걸 알 수 있는가? 예를 들어 왜 1차함수인가? "$y = ax^3 + b$" 같은 3차함수일 수도 있지 않은가? 앞에서 말했듯 이 질문에 대한 답이 언제나 존재하진 않으며, 대개 시행착오를 통해 여러 가능성을 시도한 끝에 답이 발견되고 그 가치가 평가된다. 그리고 이 답은 상당 부분 역사로부터, 또 뇌과학의 발전으로부터 영향을 받았다(기계학습의 대표적 모델에 대해서는 213쪽 "인공신경망이란 무엇인가?"를 참조하라). 사람들은 인공지능이 지능적인 행동을 하려면 뇌처럼 만들어져야 한다고 믿는 경향이 있다. 즉 뇌의 구조를 흉내 낸 학습기계가 더 쉽게 지능적 행동을 할 수 있다고 믿는 것이다. 그러나 비행기가 반드시 새처럼 날지 않듯이, 학습기계 역시 반드시 뇌의 구조를 흉내 내야 하는 건 아니다. 인공지능은 엄밀한 계산보다는 시행착오에 의해서 발전하는 기술이다. 즉 특정한 학습기계가 쓰이는 가장 큰 이유는, 그것을 써보았더니 결과가 더 좋았기 때문이다.

어쨌든 일단 후보 함수들을 정하고 나면, 우리는 그 후보들 중에서 하나를 골라야 한다. 함수를 선택하는 방법에는 여러 가지가 있지만, 우리는 기본적으로 함수를 a와 b라는 두 개의 변수를 조절해가면서 찾는다는 점만 알아두면 된다. 즉 시행착오를 거쳐 답을 찾는 것이다. 라디오에서 주파수를 조절하듯이 말이다.

마지막으로 '평가'에 대해 이야기해보자. 평가는 보통 이렇게 찾은 함수를 사용해봄으로써 그것이 쓸모 있는가를 측정하는 일이다. 인공지능은 문제를 지능적으로 해결하는 시스템이기 때문에 어떤 것이 성공적인가는 주어진 문제에 따라 달라진다. 자연어 처리에서는 프로그램의 언어 표현이 자연스러울수록, 이미지 인식에서는 학습에 쓰이지 않은 이미지에 대해서도 좋은 답을 내놓을수록, 자율주행에서는 차를 잘 운전할수록 성공적일 것이다. 결과가 좋지 않을 경우, 사람들은 더 많은 데이터를 쓰거나 다른 구조를 가진 혹은 더 많은 변수를 가진 학습기계를 사용해서 다시 기계학습을 시도한다.

인공신경망이란 무엇인가?

원칙적으로 기계학습은 어떤 함수든 사용할 수 있다. 그리고 어쩌면 머지 않은 미래에 이제까지 보지 못한 구조의 기계학습이 이전의 어떤 모델보다 더 뛰어나다는 결과가 나올 수도 있다. 그러나 역사적으로 기계학습 분야에서는 '인공신경망Artificial Neural Network, ANN' 구조를 매우 중요하게 여겨왔으며, 오늘날에도 이 점은 마찬가지다. 앞에서 소개한 함수 찾기로서의 기계학습에 대한 구체적인 예로 인공신경망을 조금 더 자세히 알아보자.

인공신경망의 구조를 이해하기 위해서는 역사상 최초의 인공신경망 '퍼셉트론Perceptron'을 알아야 한다. 이는 1943년 워런 매컬러Warren McCulloch와 월터 피츠Walter Pitts에 의해 최초로 제안되었기 때문에, '매컬러-피츠 신경망'이라고 부르기도 한다. 1958년에는 프랭크 로젠블랫Frank Rosenblatt이 퍼셉트론을 실제 기계로 구현했으며, 나중에는 프로그램으로 구현되기도 했다. 퍼셉트론은 이미 오래전에 나왔고 매우 단순하기 때문에 한계도 분명하지만, 오늘날의 인공신경망을 이해하는 데 기초적인 역할을 한다.

퍼셉트론은 여러 개의 값을 입력받아, 각각의 값에 가중치를 곱한 뒤 전부 더해서, 최종적으로 '0'과 '1' 중 하나의 답을 내는 2진수 신경망이다. 예를 들어 다음 그림은 3개의 숫자 'x_1, x_2, x_3'로 이루어진 입력을 받은 뒤, 최종 출력을 내보내는 퍼셉트론을 표현한 것이다.

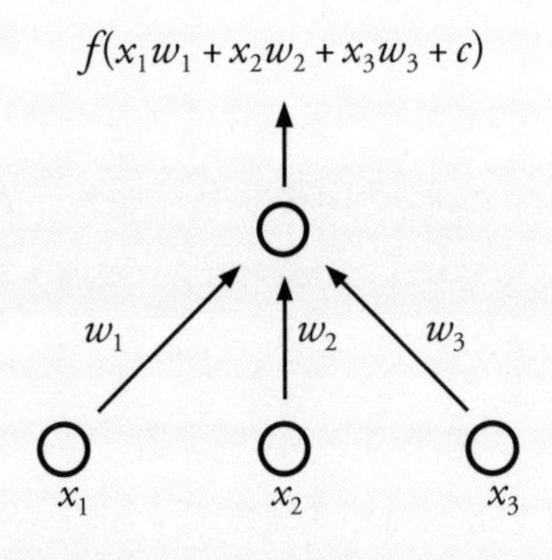

여기서 'x_1, x_2, x_3'과 'c'는 변수이고, 함수 '$f(x)$'는 'x'가 '0'보다 크면 '1'을 작으면 '0'을 출력한다. 앞에서도 말했듯이, 이 인공신경망의 변수들을 바꾸면 입력과 출력 간의 관계가 바뀐다.

퍼셉트론이 인공신경망이라고 불리는 이유는 뇌 안의 신경세포의 활동을 재현한다고 주장했기 때문이다. 신경세포는 몸 안의 중추신경계와 말초신경계에서 신경 신호를 전달하는 데 관여하는 세포로서, 세포체에 '축삭돌기axon'와 '가지돌기dendrite'가 달려 있다. 축삭돌기는 먼데로 뻗는 팔이고, 가지돌기는 그렇게 뻗어 오는 축삭돌기를 맞이하는 팔이라고 할 수 있으며, 이들이 서로 만나는 곳에는 '시냅스synapse'라는 신호 전달 접점이 생긴다.

일단 하나의 신경세포체에서 '전위차potential difference'의 급격한 변화가 생기면, 그것은 '활동전위action potential' 혹은 '스파이크 전위spike potential'라고 불리는 전기신호가 되어 축삭돌기를 따라 퍼져나가, 시냅스에서 화학물질이 분비하게 만든다. 이 화학물질이 '신경전달물질neurotransmitter'이다. 신경전달물질이 분비되면, 가지돌기에 있는 수용체가 이를 받아들인다. 이렇게 여러 신경세포에서 보낸 활동전위들이 신경세포체에 모여들어 합쳐질 때, 전위차가 어떤 임계점을 넘으면 다시 활동전위가 생성되어 축삭돌기를 따라 퍼져나가는 것이다.

신경세포의 언어로 말하자면, 기계학습은 이 시냅스의 효율성이 바뀌는 과정이다. 퍼셉트론에서 입력된 값들에 가중치를 곱해 더하는 것은, 여러 신경세포에서 보낸 활동전위들이 시냅스를 거쳐 다시 신경세포체에서 합쳐지는 현상을 수학적으로 표현한 것이다.

이런 기본적인 퍼셉트론을 보다 복잡한 층 구조로 만들 수도 있다. 이를 '다층신경망'이라 하는데, 그 구조는 다음 그림과 같다.

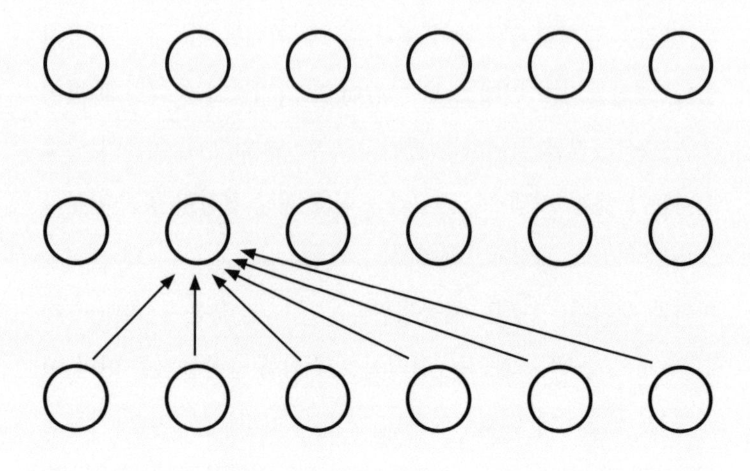

마치 고층빌딩의 각 층마다 여러 개의 방이 늘어서 있듯이, 다층신경망에서는 퍼셉트론 구조가 병렬로 늘어서 있다. 이 그림에서는 이러한 층들이 쌓여 2층 인공신경망을 구성하고 있으며, 아래층의 출력은 위층의 입력이 된다. 이런 층 구조는 계속 쌓아갈 수 있다.

기계학습의 역사에서 다층신경망 학습은 큰 의미가 있다. 1969년 마빈 민스키와 시모어 페퍼트Seymour Papert는 《퍼셉트론Perceptrons》을 출간하여, 퍼셉트론의 한계를 지적하고 그 한계를 극복하기 위한 다층신경망을 제안했다. 하지만 다층신경망 학습 방법이 널리 알려지는 데에는 상당한 시간이 걸려서, 1986년 데이비드 루멜하트David Rumelhart, 제프리 힌턴Geoffrey Hinton, 로널드 윌리엄스Ronald Williams의 연구가 발표될 때까지 기다려야 했다. 이렇게 알려진 것이 이른바 '역전파 방법back-propagation'인데, 수학적으로 말했을 때 이는 미분의 연쇄법칙chain rule을 이용해서 학습기계가 출력하는 예측값과 데이터에 따른 실제값의 차이를 최소화하는 것을 말한다. 이 역전파 방법은 지금도 기계학습의 기본 알고리듬으로 쓰이고 있다.

인공신경망이 기계학습에서 중요한 역할을 해온 이유는, 인공지능 분야가 인간처럼 지능적으로 행동하는 기계를 만들기 위해서는 인간 뇌를 흉내 내야 한다는 생각을 바탕으로 발전해왔기 때문이다. 이는 지금도 계속되고 있다. 예를 들어 21세기에 나온 '합성곱 신경망Convolutional Neural Network, CNN'은 인간을 포함한 동물의 눈과 1차 시각피질 사이에서 일어나는 정보처리를 연상시키는 방식으로 시각 데이터를 처리한다. 그렇다고 뇌를 흉내 내야 한다는 주장이 너무 많이 강조되어도 곤란하다. 인공지능 연구의 1차적 목표는 인간의 사고 과정이나 뇌 속의 정보처리 과정을 그대로 재현하는 것이 아니라, 특정한 문제를 성공적으로 해결하는 기계를 만드는 것이기 때문이다. 따라서 결과만 좋다면 어떤 구조를 쓰건 상관없으며, 성공적인 인공신경망에 반드시 어떤 생물학적 유사성이 있어야 할 이유도 없다.

기계학습에서 쓰이는 인공신경망과 진짜 뇌에 존재하는 신경망의 대표적인 차이는 '되먹임feedback'에 있다. 앞에서 본 그림 속 다층신경망은 '순방향 신경망Feedforward Neural Network'으로서, 신호가 아래층에서 위층으로 가는 한 방향으로만 흐른다. 하지만 뇌 안에는 훨씬 더 많은 되먹임 연결이 존재해서, 위층에서 아래층으로 신호가 내려오거나 같은 층에 있는 신경들끼리 신호를 보내는 일이 많이 일어난다. 물론 인공신경망에도 '순환 신경망Recurrent Neural Network, RNN'이 존재한다. 하지만 인공신경망의 되먹임은 뇌에서의 되먹임 연결에 비하면 매우 제한될 뿐만 아니라, 같은 층에서는 모든 입출력이 동시에 동기화된다는 점에서 차이가 있다. 뇌는 그렇게 작동하지 않는다. 그러나 앞서 살펴본 역사적인 과정으로 인해서, 오늘날 응용프로그램에서 실제로 쓰이는 많은 기계학습 프로그램도 인공신경망에 속하는 구조를 포함하고 있다.

빈도주의 확률

확률이 무엇인지는 학자들 사이에서도 명확히 논쟁이 끝난 이야기가 아니다. 확률의 정의를 둘러싼 이 문제는 흔히 빈도주의자와 베이지안 간의 논쟁으로 알려져 있다.

확률이 무엇인지 살펴보기 위해, 먼저 확률계의 최고 스타인 동전의 예를 들어보자. 둥그렇고 대칭적인 동전은 던지면 앞면과 뒷면 중 한쪽으로 떨어진다. 그리고 공평한 동전은 앞면과 뒷면이 '1대1' 혹은 '1/2'의 확률로 나온다고 여겨진다.

그런데 확률이 그렇다는 걸 어떻게 알 수 있는가? 이 질문은 두 가지 방식으로 대답될 수 있다. 하나는 우리가 그 동전이 완벽히 대칭적임을 알고 있다는 것이다. 그래서 그런 대칭성으로부터 '1/2'이라는 확률을 알아낸다. 이는 확률에 대한 고전적 정의로서, 현대 확률 이론의 선구자였던 라플라스Pierre Simon Laplace 시대에도 이미 존재했다.

또 하나는 좀 더 경험적이다. 우리는 그 동전을 많이 던져볼 수 있다. 만약 던질 때마다 앞면이 나온다면, 우리는 그것이 공평한 동전인지 의심할 것이다. 반면에 동전을 아주 많이 던져서 앞면과 뒷면이 나오는 비율이 1대1로 수렴하면, 우리는 경험상 이 동전은 공평하다고 말할 수 있다. 여기서는 데이터로부터 확률이 나온다. 확률을 이렇게 정의하는 사람들을 '빈도주의자Frequentist'라고 부른다.

확률을 계산해야 한다는 건 우리가 무언가를 모르거나 무언가가 불확실하다는 뜻이다. 예를 들어 미래가 불확실하므로, 미래에 관련된 확률을 계산하는 것이다. 그런데 여기서 우리는 자신이 무엇을 모른다는 것인지, 무엇이 불확실하다는 것인지를 정확하게 말할 수 있을까? 앞서 말한 라플라스는 결정론을 믿었던 것으로 유명하다. 그리고 결정론자에게 절대적 의미의 불확실성은 없다. 즉 그들은 지나간 과거처럼, 미래도 뉴턴의 방정식에 따라 현재에 이미 결정되어 있다고 믿는다. 이 글을 읽고 있는 독자도 내일은 아직 오지 않았으므로, 내일 아침에 태양이 뜰 확률은 '1/2'이라고 말하진 않을 것이다. 오히려 태양은 자연법칙에 따라 확실히 다시 뜬다고 믿을 것이다. 동전의 경우에도 그 움직임은 뉴턴의 방정식을 따르므로, 이론적으로는 동전을 던지는 순간 어떤 면으로 떨어질지는 이미 결정되어 있다. 사실 결정론에 따르면, 우주가 시작할 때 내가 특정한 시간에 동전을 던지도록 결정되어 있었고, 그렇게 던져진 동전은 특정한 면으로 떨어지도록 정해져 있었다. 여기에는 확률이나 불확실성 따위는 없다.

그러므로 우리가 말하는 불확실성이란 결국 동전이 던져지는 방식에 대한 우리의 무지를 말한다. 실제로 만약 지름이 1미터쯤 되는 크고 무거운 동전이라면, 여러분은 그걸 던져서 앞면과 뒷면이 나올 확률이 각각 '1/2'이라고 믿지 못할 것이다. 사람이 그 동전을 높고 빠르게 던질 수 없는 것이 뻔하므로, 결과를 조작하기 쉽기 때문이다.

여기서 우리는 이미 분란과 혼란의 소지를 느낀다. 불확실성은 우리의 무지에 대한 것이다. 그런데 모든 사람이 지닌 정보의 양은 같지 않다. 따라서 무지에는 사람마다 다르다는 의미에서 애초에 주관적인 측면이 있다. 병균이 뭔지 모르는 사람에게는, 치명적인 전염병에 걸려 죽은 사람이 그저 재수가 없었던 걸로 보일 수 있다. 그러나 그걸 아는 사람에게는, 그 사람이 다른 전염병 환자와 접촉한 일은 자살 시도나 마찬가지다. 즉 불확실성의 정도는 훨씬 적게 느껴지거나, 애초부터 아예 없는 듯 보일 것이다.

하지만 학자는 주관성을 좋아하지 않는다. 사실 학문은 기본적으로 객관적 진리가 존재하며, 관찰을 통해 그 진리를 찾을 수 있다고 전제한다. 따라서 학자들은 확률을 다루는 데 있어서도 이러한 주관성을 제거하고 싶어 했다. 그리고 객관적이기 위해서는, 앞서 말한 두 가지 조건 중 하나가 필요하다. 즉 우리가 그 시스템을 완벽히 알고 있거나, 똑같은 상황에서 반복된 실험에 대한 방대한 양의 데이터가 존재해야 하는 것이다.

다시 말해 게임 결과에 대한 확률을 추정하고 싶으면, 우리는 그 게임의 법칙을 아주 정확히 알거나, 그 게임을 엄청나게 많이 해야 한다. 이러한 조건을 만족시키지 못했을 때, 그 게임의 확률에 대한 질문은 과학적이고 논리적이지 않으므로, 학자라면 그 질문은 성립하지 않는다고 말할지도 모른다. 이것이 빈도주의자의 태도다.

그런데 이런 대답은 멋지게 들릴지는 모르지만, 사람들이 처한 많은 상황을 외면하는 태도이기도 하다. 다시 말해 뇌나 AI가 통상 풀어야 하는 대부분의 현실 문제를 외면하는 것이다. 현실 속 많은 상황에서, 우리는 무지하고 불확실성은 높다. 우리는 자신이 하는 게임의 법칙을 정확히 알지 못한다. 또 우리는 그 게임을 수없이 반복해본 적이 없거나 반복할 수 없다.

세상을 살다 보면 종종 우리는 지금껏 축구를 하고 있다고 생각했는데, 알고 보니 그 게임은 미식축구였다는 식의 상황에 처한다. 경제 게임에서도 연애 같은 사회적 게임에서도, 우리는 게임의 법칙을 모두 알고 시작하지는 않는다. 게임의 법칙을 하나

둘 찾았나 싶다가도, 그 법칙이 변해버리기도 한다. 일반적으로 엄밀하게 정의할 수 없는 문제에서, 우리는 게임의 법칙을 모른다. 그래도 우리는 살아야 한다.

이런 예를 생각해보자. 어느 원시인이 늘 다니던 숲길을 걷고 있었다. 그는 아직 단 한번도 공룡에게 잡아먹힌 적이 없다. 물론 만약 그랬다면 그는 숲길을 걷고 있지도 못했을 것이다. 그런데 어느 날 그는 숲에서 수상한 소리를 들었다. 그가 당장 도망가지 않았을 때, 공룡에게 잡아먹힐 확률은 얼마일까? 그가 앞에서 말한 완고한 빈도주의자라면, 그 답은 이럴 것이다.

> 저는 이 숲에서 어떤 방식으로 소리가 나는지에 대해 전부 알고 있지 못합니다. 따라서 저는 그 소리가 공룡 때문에 났을 확률이 얼마인지에 대해 답할 수 없습니다.

혹은 이렇게 말할지도 모른다.

> 제게는 이 숲을 지나다가 저런 소리를 들은 뒤 공룡에게 잡아먹힌 사람들의 데이터가 필요합니다. 물론 확률을 계산하자면 아주 큰 데이터가 필요하겠죠. 그저 몇 사람만 죽은 걸로는 확률을 말할 수 없습니다. 특히 제가 죽을 확률은 더욱 그렇습니다. 왜냐하면 저는 아직 한번도 죽어본 적이 없기 때문입니다.

이것이 엄격한 빈도주의자의 답이다. 그리고 이런 답을 하는 미친 조상은 모두 진작에 죽었을 것이다. 우리는 분명 이런 답을 한 사람들의 후손이 아니다.

실제로 여객기 서비스가 대중화되던 초기에는 아직 공중에서 항공기끼리 충돌한 사고가 일어난 적이 없었다. 하지만 그런 상황에서도 보험료는 책정해야 했다. 그래서 그런 사고가 일어날 확률을 추정할 필요가 있었다. 하지만 이 질문을 빈도주의 통계학자에게 묻는다면, 그런 경우에는 확률을 계산할 수 없다고 답할 것이다. 한번도 일어나지 않은 일에 대한 빈도주의 확률은 '0'이기 때문이다. 하지만 보험사의 입장에서는 만에 하나 그런 일이 일어나면 엄청난 보험금을 지불해야 하기 때문에, 그런 답은 인정할 수 없었다. 다시 말하지만 현실에서는 주어진 상황을 전부 알지 못하고 데이터가 부족한 경우에도, 행동을 결정하기 위해서 확률을 추정해야 한다. 우리가 그 추정을 잘할 수 있기 때문이 아니라, 해야만 하기 때문이다.

때로 우리가 불확실성을 느끼는 대상이 복잡하거나 추상적인 경우도 있다. 그럴 때 대개 우리는 자신이 그 대상에 대해 무엇을 모르는지 자체를 모른다. 또한 우리가 그것을 충분히 경험해 볼 수 있는 시기는 영원히 오지 않을 것처럼 느껴진다.

예를 들어 어떤 독재자가 지배하는 나라가 10년 내에 민주국가가 될 확률을 추정한다면 어떨까? 우리가 가진 역사적 경험은 이 질문에 답할 만큼 충분하지 않다. 어떤 건축 공법이 위험한지 아닌지, 어떤 약이 위험한지 아닌지도 마찬가지다. 그것을 알아보기 위해 수없이 많은 건물을 지어보고, 수없이 많은 사람에게 투약해볼 수는 없다. 사람이 죽는지 아닌지를 실제 확인하면서 확률을 추정할 수는 없기 때문이다.

결국 빈도주의자의 확률 개념이 현실에서 통하는 건 어떤 극한에 속하는 특별한 경우뿐이다. 대부분의 경우에 우리는 시스템을 완벽하게 알고 있지도, 충분히 큰 데이터를 가지고 있지도 못하다. 그러므로 확률에 대한 새로운 정의가 필요해진다.

그럼에도 불구하고 현대인은 대부분 빈도주의자처럼 생각하고는 한다. 현대사회는 세상에 존재하는 불확실성을 축소하는 경향이 있고, 우리도 그것에 익숙해져 있기 때문이다. 즉 우리는 지극히 인공적인 세계와 관점에 중독된 나머지, 어느새 세상을 지나치게 확실한 무엇으로 보고 그것이 전부라고 믿는 경향이 생긴 것이다. 제도 교육의 해악에서 벗어난 사람들은 곧잘 이를 책상물림 혹은 교과서밖에 모르는 얼간이의 생각이라고 말하고는 한다.

사람들은 가끔 엘리베이터 사고가 난다는 걸 알지만, 대개 사고가 날 확률을 계산하면서 엘리베이터를 타지는 않는다. 버스가 항상 제시간에 오는 도시에 사는 사람은 버스가 정시에 올 확률을 걱정하지 않는다. 그냥 제시간에 오리라고 생각한다. 우리는 이런 식으로 많은 일에 익숙해진다. 그냥 이것은 이것이고, 저것은 저것이라고 생각한다. 낮은 확률은 그냥 '0'으로 인식되고,

그런 믿음에 너무나 많은 것을 건다. 어느새 우리는 자신이 하고 있는 게임의 규칙을 정확히 알고 있다는 착각에 빠진 채 살아간다.

그러다가 우리는 가끔 예기치 않은 일에 부딪힌다. 왜 그 가능성을 무시했을까? 왜 위험 확률을 계산하지 않았을까? 다시 말해서 왜 그 확률이 '0'이라고 생각했을까? 그것은 우리가 무엇을 모르는지 몰랐기 때문이다. 우리는 자신이 하는 게임의 법칙을 전부 알고 있다고 믿었다. 그런 의미에서 우리는 고전적 확률 모델 혹은 빈도주의 확률 모델을 통해 세상을 보아온 것이다.

모든 모델은 현실의 특정 부분을 재현하지만, 현실을 단순화하는 측면도 있다. 이는 모델의 사용이 언제나 무가치하다거나 위험하다는 의미는 아니다. 그것이 현실 자체가 아니라 모델이라는 사실을 기억하는 동안, 우리는 그 모델을 유용한 도구로 쓸 수 있다. 그러나 모델을 현실과 혼동하는 순간, 위험이 발생한다. 사람들은 스스로의 무지를 과소평가하며, 그로 인해 확률 계산은 비합리적이게 된다. 어느새 그들은 세상의 특정 측면들에 대해서 완전히 무감각해졌다. 다시 말해 그들은 인위적으로 만들어진 게임을 하다가, 게임을 현실 그 자체로 여기게 된 것이다. 그 결과 그들은 지능적이게 되는 데 실패한다.

베이지안 확률

그럼 빈도주의 확률과 다른 '베이지안 확률 Bayesian probability' 이란 무엇일까? 샤론 버치 맥그레인이 《불멸의 이론The Theory That Would Not Die》에서 베이지안 확률을 소개하고 있는 내용을 살펴보자. 토머스 베이즈Thomas Bayes는 1702년 영국에서 태어난 목사이자 아마추어 수학자였다. 그는 스코틀랜드의 에든버러 대학교에서 신학을 공부했는데, 그 시절에는 신학적인 동기로 수학이나 물리학 같은 학문을 연구하는 경우가 많았고 그 역시 예외가 아니었다. 그가 40대일 때, 아일랜드 출신 성공회 주교 조지 버클리는 이성의 힘으로 세상을 이해할 수 있다고 생각하는 자유사상가들을 비판하는 논문을 발표한다. 버클리가 비판한 자유사상가 중에는 뉴턴도 있었는데, 베이즈는 이에 반대하여 뉴턴의 계산법을 옹호하는 글을 발표한다. 그 후 얼마 지나지 않아 그는 왕립학회 회원으로 지명됐다. 당시 영국 왕립학회의 구성원 중에는 전문가뿐만 아니라 아마추어도 많았다. 부유한 집에서 태어난 베이즈는 풍족한 여유 시간을 주변 친구들과 수학 문제를 논하면서 보내곤 했다. 설교는 일주일에 한 번만 하면 됐다.

그러던 1740년대 어느 날 그는 '역확률Inverse Probability 문제'를 풀려고 시도하게 된다. 역확률 문제란 데이터를 보고, 그 데이터의 원인이 무엇인가에 대한 확률을 거꾸로 추정하는 문제다. 사람들이 모든 것의 첫 번째 원인은 신이라고 믿었던 시대였기에,

이 문제에도 물론 신학적인 동기가 깔려 있었다. 신학에서 신은 모든 것의 원인이기 때문이다. 베이즈는 역확률 문제를 풀기 위해 실험을 하나 고안했다.

한 사람이 테이블을 등지고 앉는다. 그리고 다른 사람이 공 하나를 테이블에 굴린다. 이 첫 번째 공은 테이블의 어느 지점에 멈춰 서는데, 등지고 앉은 사람은 그 위치를 모른다. 그리고 계속해서 두 번째 공을 굴린다. 그리고 새롭게 굴린 공이 멈춘 곳이 첫 번째 공보다 왼쪽인지 오른쪽인지를 말해준다.

이런 상황에서 첫 번째 공의 위치에 대한 확률을 추정하는 문제에 대해, 베이즈가 내놓은 답은 이렇다. 그는 먼저 첫 번째 공의 위치의 확률에 대한 임의의 값을 잡는다. 그리고 새롭게 굴린 공이 왼쪽이나 오른쪽에 설 때마다 그 확률값을 수정해나간다. 이 과정을 계속 반복하면, 우리는 첫 번째 공의 위치의 확률을 더욱 정확하게 추정할 수 있게 된다.

베이즈는 공의 위치를 추정하는 문제로부터 한 발 더 나아가, 일반적으로 우리가 확률을 계산하려면 언제나 이런 과정을 거쳐야 한다고 생각했다. 즉 우리가 어떤 관측 결과들로부터 확률을 계산하려면, 일단 어떤 추정치를 잡아야 한다. 이것은 확률이 얼마일지에 대한 우리의 현재 추정치 혹은 믿음으로서, 보통 사전확률prior이라 불린다. 그리고 새로운 관측 결과가 주어지면, 이 사전확률을 수정해서 사후확률posterior을 도출해낸다. 베이지안 확률 계산이란 이런 확률 개선 과정을 계속 반복하는 것인데, 이는 AI에서의 최적화 과정을 떠올리게 한다.

베이즈의 이런 작업은 사람들에게 직접적으로 큰 영향을 주지는 못했다. 그는 결국 아마추어 수학자였고, 심지어 베이즈 정리에 대한 에세이를 발표하지도 않았다. 그가 죽은 뒤 그의 친구였던 리처드 프라이스가 그의 유고를 검토하고 정리하여 그 내용을 담은 에세이를 발표했지만, 우리가 상상할 수 있듯이 그 역시 그리 널리 읽히진 못했다. 그렇게 베이즈의 확률 이론은 조금씩 잊혀갔다.

역확률 문제에 재도전하면서 베이즈의 확률 이론을 다시 발견한 사람은 프랑스 수학자 라플라스였다. 그는 천문학을 연구했는데, 당시에는 관측기술이 부정확했기 때문에 같은 천체에 대한 관측 결과들이 늘 달랐다. 이런 자료들을 분석하는 작업을 하다가, 라플라스는 확률에 관심을 갖게 되었다. 그리고 그는 다시 독자적으로 베이즈의 확률 이론을 발견해냈다.

학문 세계에서 라플라스의 명성은 베이즈와는 전혀 다른 수준이었다. 그는 프랑스의 뉴턴이라고 불렸다. 당시 프랑스는 세계 과학계를 선도하는 나라였는데, 그 프랑스 과학계를 대표하는 인물이 바로 라플라스였다. 그는 살아생전에 이미 유명했고 널리 존경받았다. 실제로 베이즈 이론을 공식화하고 적용하고 널리 알리는 역할을 한 건 라플라스였다.

라플라스가 확률과 관련해서 베이즈 이론만 연구한 건 아니다. 사실 빈도주의 확률 이론에서도 선구자였다. 그는 빈도주의 방법에서 중요한 역할을 하는 '중심극한정리'*를 발표했으며, 노년기에는 사회적으로 정교한 데이터가 많이 제공됨에 따라 빈도주의적 방법으로 확률을 논했다.

어쨌든 빈도주의 확률과 비교할 때, 베이지안 확률의 근본적인 차이는 확률을 믿음의 문제로 여긴다는 점이다. 비록 그것이 증거에 기반해서 개선된다고 해도 말이다. 많은 데이터가 있을 때, 이러한 개선은 대개 빈도주의 확률과 같은 값으로 수렴한다. 따라서 베이지안과 빈도주의자가 항상 서로 다른 답을 내놓는 것은 아니며, 라플라스가 노년기에 빈도주의 방법을 고안하고 쓴 것도 이 때문이었다. 그 무렵에는 쓸 수 있는 통계자료가 훨씬 더 많아졌기 때문이다. 게다가 뒤에서 더 살펴보겠지만, 베이지안 확률의 또 다른 단점으로는 계산이 더 복잡하다는 점도 있다.

베이지안 확률의 가장 큰 문제는 최초에 사전확률을 설정하는 것을 어떻게 정당화할 수 있는가였다. 사전확률의 설정은 명확히 주관적이기 때문에, 자연스레 학문 세계에서 합리적이지 못하다는 혹은 미심쩍다는 비판을 받았다. 당연히 서로 다른 사람이 서로 다르게 사전확률을 설정하면, 추정된 확률값도 달라진다. 데이터가 적으면 그 차이는 상당히 클 수도 있다. 게다가 일단 주관성을 받아들이면, 확률을 개선하는 방식에도 주관성이 끼어들기 쉬워진다. 왜 그렇지 않겠는가. 그 결과 베이지안 확률

* central limit theorem. 모집단으로부터 취한 표본 수가 커질수록 정규분포에 가까워진다는 정리이다.

이론 자체도 서로 조금씩 달라져 다양해지기 쉬웠다. 추정해야 할 확률이 하나인데, 답은 여러 가지라는 점은 확실히 문제였다.

문제는 여기서 멈추지 않는다. 베이지안 확률은 주관적으로 보인다는 문제뿐만 아니라, 사실 큰 기술적인 문제도 있었다. 계산이 복잡했던 것이다. 컴퓨터가 보편화되기 전까지 손으로 확률을 계산하는 일은 매우 고통스러웠기에, 이는 절대 사소한 문제가 아니었다. 라플라스는 간단한 문제의 확률 계산을 하기 위해 직접 손으로 아주 긴 곱셈을 끝도 없이 했다고 한다. 그러니 복잡한 문제를 베이지안 확률로 계산하는 일은 그만큼 비현실적이었다. 실제 역사적으로도 복잡한 문제에 대한 베이지안 확률 계산은 컴퓨터가 나온 뒤에도 바로 이루어지진 못했고, MCMC 방법이 발달한 이후에야 계산이 가능해졌다. 차원의 저주 때문이다(자세한 내용은 234쪽 "차원의 저주와 MCMC"를 참조하라).

이게 이야기의 전부였다면 베이즈 이론 따위는 몇백 년 전에 잊혔을 것이다. 앞에서 살펴보았듯이, 빈도주의 확률에도 나름의 문제가 있다. 현실에서 직면하는 수많은 불확실한 상황을 빈도주의적으로 다룰 수 없더라도, 우리는 그에 대해 어떤 식으로든 대처해야 하기 때문이다.

빈도주의자는 확률을 계산하려면, 먼저 우리가 어떤 상황에 처해 있는지 제대로 정의해야 한다고 말한다. 이는 인공지능에 대한 기호주의적 접근 방식과 비슷하기 때문에, 빈도주의 확률 계산은 낡은 인공지능 프로그램과 비슷하다고 할 수 있다. 그리고 이 방식은 현실적인 문제에서는 잘 작동하지 않으며, 수많은 데이터가 있을 때에야 합리화된다. 하지만 우리에게 언제나 충분한 데이터가 있는 건 아니다.

베이즈 이론은 그 역사와 작동 방식 모두가 2장의 "AI의 전제 조건과 한계"(72쪽)에서 소개한 직관으로 용의자를 알아보는 베테랑 마약 단속요원과 비슷하다. 250여 년 전쯤 태어난 베이즈 이론은 오랫동안 학계에서 비난과 무시를 받았다. 현대 통계학의 기초를 쌓았다고 평가되는 로널드 피셔Ronald Fisher는 베이지안 확률 이론을 도무지 발을 들여놓을 수 없는 정글이라고 불렀다. 수학과 논리를 좋아하는 사람이라면, 그가 왜 그렇게 평가했는지 상상하기란 어렵지 않다. 베이지안 확률은 근거 없는 상식을 멋대로 써놓은 듯한, 논리적으로는 말이 안 되는 이론처럼 보이기 때문이다. AI 패러다임에서 보면 임의의 추측에서 시작하여 계속 개선해나가는 것은 지극히 자연스러운 과정이지만, 논리적이고 과학적인 관점에서 보면 정당화할 수 없는 주장이었다.

그럼에도 베이즈 이론은 살아남았다. 맥그레인은《불멸의 이론》에서, 베이즈 이론이 그 모든 호된 비판과 무시에도 불구하고 죽지 않은 이유는 하나라고 말한다. 바로 베이즈 이론이 좋은 성과를 냈기 때문이다. 그리고 베이즈 이론은 종종 대안이 없는, 피할 수 없는 선택이었다. 이 때문에 전쟁 시기에 암호를 해독하거나, 대포 발사 방식을 조정하거나, 보험을 설계하거나, 질병의 원인을 찾거나, 핵무기의 위험을 추정하는 등의 일에는 베이즈 이론이 쓰일 수밖에 없었다. 베이즈 이론을 쓰고 나서도 그 사실을 비밀로 해야 하거나 그 이론으로부터 나온 공식을 썼다는 것 자체를 모르는 경우도 있었지만, 아무튼 사람들은 많은 상황에서 베이즈 이론을 써야만 유용한 결론을 낼 수 있었다. 베이즈 이론은 판사에게 직관에 따라 수색했다고 말하지 못하고 논리적인 이유를 꾸며내야 하지만, 어쨌든 범인은 잘 잡는 단속요원처럼 생존해왔던 것이다.

베이즈 이론에 관해 듣고 나서 직관에 따라 행동하는 인간을 상상해보면, '인간이 베이즈 이론의 규칙에 따라서 움직이는 건 아닐까'라는 생각이 들게 된다. 뇌에 대한 베이지안 접근이라고 불리는 이런 연구 방식은, 실제로 뇌 안에서 베이지안 확률 추정이 이뤄지고 있다고 주장한다. 그러니까 신경망의 활동은 베이지안 확률을 계산하고 표현한다는 것이다.

인간의 감각적 인식은 우리의 사전확률, 즉 경험에 근거한 가정에 의존한다. 예를 들어 다음 그림을 보자. 이는 2차원 그림이지만 깊이를 가진 듯 보인다. 어떤 원은 볼록하게, 어떤 원은 오목하게 보이는 것이다. 그런데 이 그림이 어느 쪽으로 보이는지는, 우리가 빛이 어느 방향에서 들어온다고 생각하냐에 따라 달라진다. 예를 들어 이 그림을 거꾸로 뒤집어 보면, 대개 오목과 볼록이 뒤바뀌는 감각을 느끼게 된다. 그 이유는 우리가 태양빛이 내려 쬐는 상황을 많이 경험했기 때문에, 무의식적으로 빛이 위에서 비추고 있다고 가정하기 때문이다. 반대로 빛이 아래에

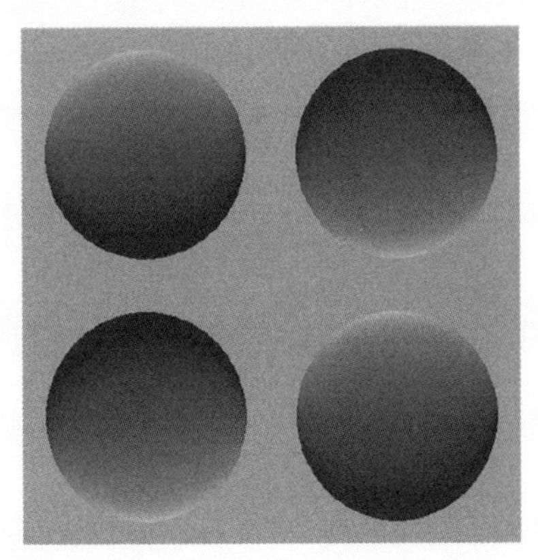

빛이 위와 아래 중 어느 쪽에서 비추고 있다고 생각하느냐에 따라, 원이 오목한지 볼록한지가 뒤바뀐다.*

서 비추고 있다고 생각하면, 오목과 볼록이 뒤바뀌게 된다. 이러한 우리의 사전확률은 학습에 의해서 수정된다.

우리의 직관은 베이지안 과정의 결과이며, 인간이 실은 베이지안 확률을 계산하는 기계가 아닐까라는 생각은 꽤 신빙성이 있어 보인다. 뇌는 그런 문제를 풀기 위해 진화했기 때문이다. 초원을 떠돌아다니던 원시인이 빈도주의자처럼 확률을 추정했으리라 생각되지는 않는다. 인간 뇌는 베이지안 방식을 어느 정도까지는 수용했을 것이다. 왜냐면 근거가 희박한 상황에서 행동을 취해야 하기 때문이다. 어떻게 접근하든 베이지안 방식을 완전히

* Wendy J Adams, Erich W Graf & Marc O Ernst, "Experience can change the 'light-from-above' prior", *Nature Neuroscience* Vol. 7 Issue 10, 2004, pp. 1057-1058.

피하는 건 불가능해 보인다. 따라서 이성적 판단의 기준으로서 베이즈 이론을 이용하면, 뇌를 이해하는 데 도움이 될 것이다.

하지만 수학적 이론인 베이즈의 확률 추론과 인간의 추론이 완전히 같은가에 대해서는 의구심이 있다. 분명히 둘이 완전히 같진 않다. 이미 "AI의 전제조건과 한계"(72쪽)에서 언급했듯이, 대니얼 카너먼의 연구에 따르면 인간의 확률 추정은 수학적 확률 계산을 기준으로 보면 비합리적이다.

차원의 저주와 MCMC

인공지능과 확률 계산에서 '차원의 저주curse of dimensionality'라는 현상은 매우 중요하다. 이미 살펴보았듯이, 이는 시스템의 복잡성이 증가함에 따라 가능한 경우의 수가 지수적으로 증가하는 현상을 가리킨다. 그래서 시스템이 단순하면 할 수 있던 일이 조금만 더 복잡해지면 불가능해진다. 그런데 4장의 "고립계와 환원주의"(117쪽)에서 소개했듯이, 환원주의적 접근이 비현실적인 경우가 있다. 그럴 때 차원의 저주는 인공지능 학습이나 확률 계산 또한 비현실적인 것으로 만든다.

이건 단순히 컴퓨터가 빨라지면 극복할 수 있는 문제가 아니다. 역사적으로 컴퓨터의 속도는 엄청나게 빨라져 왔지만, 그럼에도 이제부터 소개할 '마르코프 연쇄 몬테카를로Markov chain Monte Carlo, MCMC'라는 방법이 개발되기 전까지는, 아주 간단한 문제 외에는 베이지안 확률 계산이 불가능했다. 이 때문에 컴퓨터를 쓰는 통계학자들도 현실의 복잡성을 반영하는 모델에 대한 확률 계산은 할 수 없었다.

그러나 드디어 MCMC가 등장하면서, 이 문제가 어느 정도 해결된다. MCMC가 무엇인지 알아보기 위해 먼저 뒤에 나오는 MC, 즉 '몬테카를로Monte Carlo, MC' 방법에 대해 알아보자. 몬테카를로는 모나코에 있는 도박으로 유명한 도시로, 도박 승패 확률의 무작위성에 빗대어 몬테카를로 방법이라는 이름이 붙게 되었다. 수치적분에서 몬테카를로 방법이란 임의로 선택한 점이 관심 영역에 들어가는지 아닌지의 비율을 통해 면적을 계산하는 방법을 말한다. 다음 그림을 보자.

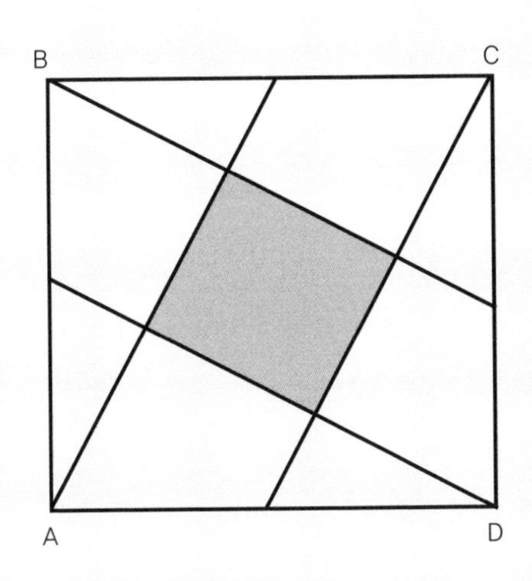

몬테카를로 방법을 이용하면, 어두운 부분의 면적을 그 모양과 상관없이 구할 수 있다.

이 그림에서 어두운 부분의 면적을 알고 싶다면 먼저 전체 사각형의 면적을 구해야 한다. 이는 쉽게 구할 수 있다. 그리고는 눈을 감고 전체 사각형 안에 점 하나를 찍는다. 작은 콩을 하나 던져 넣을 수도 있다. 그리고 나서 그 점이 어두운 부분에 있는지 없는지를 확인한다. 우리는 이 과정을 아주 많이 반복할 수 있다. 이때 어두운 부분에 점이 찍히는 비율이 몇 퍼센트인지 알 수 있으면, 우리가 원하는 면적이 계산되어 나온다. 예를 들어 만약 임의로 점을 1000번 찍었는데 어두운 부분에 점이 300번 찍혔다면, 그 부분의 면적은 전체 사각형 면적의 30퍼센트가 된다. 이 방법은 그림에서처럼 직선만 있는 경우가 아니라, 어두운 부분의 모양이 아주 복잡하게 생겨서 다른 방법으로는 면적을 구하기 어려운 경우에도 쓸 수가 있다. 이것이 몬테카를로 방법이다. 일반적으로 몬테카를로 방법의 정확도는 점 찍기에 해당하는 시도를 여러 번 할수록 늘어난다.

하지만 이 단순한 몬테카를로 방법으로는 차원의 저주를 풀 수 없다. 차원이 증가하면, 가능한 경우도 너무 많이 증가하기 때문이다. 이 경우 어두운 부분의 면적이 전체 사각형의 면적에 비해 너무 작아지는 현상이 쉽게 일어난다. 이러면 수천 수만 번을 시도해도, 단 한번도 어두운 부분에 점이 찍히지 않게 된다. 이런 경우 단순한 몬테카를로 방법으로 추정된 면적은 '0'이 된다. 즉 추정값이 매우 부정확해지는 것이다.

그렇다면 도대체 MCMC는 어떻게 이 어려운 차원의 저주를 풀었을까? MCMC는 말하자면 점을 찍는 방법을 바꾼 것이다. 이제 점은 매번 임의로 찍히지 않고, 한 위치에서 다른 위치로 계속 움직이면서 찍힌다. '마르코프 체인Markov chain, MC'이란 이렇게 점이 움직일 때 한 점에서 다른 점으로 이동이 일어날 확률, 즉 '전이 확률transition probability'이 현재의 위치에만 의존한다는 의미이다. MCMC의 핵심은 바로 이 전이 확률이다. 우리가 전이 확률을 적절히 조절하면 점이 임의로 찍히지 않고, 주로 어두운 부분 근처에만 찍히게 된다. 어두운 부분에서 멀리 떨어져 있어서, 우리가 추정하려는 값과 관련이 없는 경우는 대부분 무시된다. 그렇기에 MCMC를 사용하면 확률이나 면적 추정이 다시 정확해지는 것이다.

물론 MCMC도 빠른 컴퓨터를 요구한다. 하지만 MCMC의 등장으로 수없이 많은 확률 계산이 비로소 현실적인 일이 되었다. 오늘날 사람들은 여러 분야에서 MCMC를 사용해서, 서로 경쟁하는 가설들이 주어진 데이터를 설명할 확률을 계산하고 있다. 음성 인식, 이미지 인식, 자동차 자율주행에서도 이 방법이 사용된다.

기계학습에서의 학습은 변수 조정을 의미한다. 다시 말하면 이는 모든 가능한 변수값의 조합 중에서, 데이터를 잘 반영하는 변수값을 찾는 일이다(이와 관련해서는 206쪽 "기계는 어떻게 학습을 할 수 있는가?"를 참조하라). 앞에서는 이를 라디오 주파수 맞추기나, 오븐의 온도와 시간 설정하기로 설명한 바 있다. 하지만 다수의 변수가 존재할 때, 좋은 변수값들을 찾는 일에도 차원의 저주 현상이 나타난다. 이는 마치 어마어마하게 넓은 사막에서 오아시스를 찾는 일처럼 되어버린다.

기계학습의 변수 조정은 기본적으로는 역전파 방법을 기반으로 한다. 그것은 현재 변수값이 주는 오차를 줄여나가는 방법으로, 간단히 말하면 미분으로 오차값을 줄여나가는 방향을 계산해서 그 방향으로 변수들의 값을 조정하는 것이다. 그러나 대부분 이런 방법은 국소적으로만 좋은 답을 제공하며, 차원이 증가하면 우리가 찾는 변수값이 최선이라는 보장이 점점 줄어든다. 따라서 더 좋은 기계학습을 위해서는 MCMC에서처럼 확률적인 전이 효과가 필요해진다. 즉 언제나 오차를 줄이기만 하는 것이 아니라, 무작위하게 변수값을 바꾸되 오차를 줄이는 방향 쪽이 그저 좀 더 큰 확률로 선택되게 하는 것이다. 이렇게 하면 학습이 보다 효율적이게 된다.

인공지능이 할 수 있는 것, 할 수 없는 것

초판 1쇄 발행 | 2023년 12월 15일
초판 2쇄 발행 | 2024년 12월 31일

지은이 | 강국진
펴낸이 | 이은성
편　집 | 구윤희, 김다연
교　정 | 홍원기
디자인 | 최승협
펴낸곳 | 필로소픽
주　소 | 서울시 종로구 창덕궁길 29-38, 4-5층
전　화 | (02) 883-9774
팩　스 | (02) 883-3496
이메일 | philosophik@naver.com
등록번호 | 제 2021-000133호

ISBN 979-11-5783-326-9 03300

필로소픽은 푸른커뮤니케이션의 출판 브랜드입니다.